埃森哲顾问教你做 流程管理

〔美〕彼得·弗朗茨（Peter Franz）马赛厄斯·柯克莫（Mathias Kirchmer）◎著
谭 静 叶 硕 贾俊岩◎译

机械工业出版社
CHINA MACHINE PRESS

业务流程管理（Business Process Management，BPM）是通往效率和创新、帮助实现战略举措的一门重要的管理学科。本书是一本 BPM 最佳指南，将帮助你：通过构建持久的 BPM 能力，收获即时的商业利益；通过恰当的组织设计，获得"基于价值的 BPM 力"；通过对流程的评估和改进，更好地适应整体业务策略，以满足最重要的需求，提供最大化的价值。为此，作者引用各行各业的许多案例进行了详细说明。

如果你的目标是从各个层面充分发挥每一个员工的优势，使其与公司整体业务更好地对接，那么本书正是你所需要的。或者，如果你希望你的员工和技术团队通过新的业务模式体现更大的价值，本书也适合你。另外，如果你想要保持持久的竞争优势，实现价值驱动的 BPM 管理，本书就是为你而写。

Peter Franz，Mathias Kirchmer

Value-Driven Business Process Management: The Value-Switch for Lasting Competitive Advantage
978-0-07-179171-5

Copyright © 2012 by McGraw-Hill Education.

All Rights reserved. No part of this publication may be reproduced or transmitted in any form or by any means, electronic or mechanical, including without limitation photocopying, recording, taping, or any database, information or retrieval system, without the prior written permission of the publisher.

This authorized Chinese translation edition is jointly published by McGraw-Hill Education and China Machine Press.This edition is authorized for sale in the Chinese mainland (excluding Hong Kong, Macao SAR and Taiwan).

Copyright ©2015 by McGraw-Hill Education and China Machine Press.

版权所有。未经出版人事先书面许可，对本出版物的任何部分不得以任何方式或途径复制或传播，包括但不限于复印、录制、录音，或通过任何数据库、信息或可检索的系统。

本授权中文简体字翻译版由麦格劳-希尔（亚洲）教育出版公司和[机械工业出版社]合作出版。此版本经授权仅限在中华人民共和国大陆地区（不包括香港、澳门特别行政区和台湾地区）销售。

版权©2015 由麦格劳-希尔（亚洲）教育出版公司与机械工业出版社所有。

本书封面贴有 McGraw-Hill 公司防伪标签，无标签者不得销售。

北京市版权局著作权合同登记图字：01-2014-8428 号。

图书在版编目（CIP）数据

埃森哲顾问教你做流程管理/（美）弗朗茨（Franz, P.），（美）柯克莫（Kirchmer, M.）著；谭静，叶硕，贾俊岩译. —北京：机械工业出版社，2015.10（2024.4 重印）

书名原文：Value-Driven Business Process Management

ISBN 978-7-111-51918-8

Ⅰ.①埃… Ⅱ.①弗… ②柯… ③谭… ④叶… ⑤贾… Ⅲ.①企业管理-研究 Ⅳ.①F270

中国版本图书馆 CIP 数据核字（2015）第 253631 号

机械工业出版社（北京市百万庄大街 22 号　邮政编码　100037）
策划编辑：李新妞　责任编辑：廖　岩
责任校对：舒　莹　责任印制：邹　敏
三河市宏达印刷有限公司印刷
2024 年 4 月第 1 版第 11 次印刷
170mm×242mm・14.5 印张・1 插页・204 千字
标准书号：ISBN 978-7-111-51918-8
定价：59.90 元

电话服务　　　　　　　网络服务
客服电话：010-88361066　机　工　官　网：www.cmpbook.com
　　　　　010-88379833　机　工　官　博：weibo.com/cmp1952
　　　　　010-68326294　金　　书　　网：www.golden-book.com
封底无防伪标均为盗版　机工教育服务网：www.cmpedu.com

对本书的赞誉

为了达到最佳的商业影响力以及实现组织的战略需要，业务流程管理（BPM）必须作为一种管理原则来实施。对于如何做到这一点，两位作者在书中展示了非常可行的办法，并用经过深思熟虑的学术观点表达了出来。在此，我向公司的高层管理人员、业务流程管理从业人员以及理论界人士推荐这本书。

——奥古斯特-威廉·舍尔（August-Wilhelm Scheer）教授、博士，业务流程管理领域国际级知名专家，企业家

弗朗茨和柯克莫通过专注于作为"驱动力"的"价值"，作为"要求"的"管理原则"，以及作为"衡量成功标准"的"将战略转化为行动"，径直走进了业务流程管理在企业中发挥作用的"心脏"。价值驱动型业务流程管理是一个漫长的旅程，但两位作者提供的框架，在这幅地图上列出了你需要走的头一百步。

——理查德·马尔茨巴格（Richard Maltsbarger），美国劳氏（Lowe's）公司高级战略副总裁

如果你的CEO已经列出了一整套战略要求，那么你就一定要把价值驱动型业务流程管理准备好。如何在全球经济一体化中立于不败之地？如何在快速变化的市场环境中完成转型？——通过建立一套核心的业务流程管理体系，来使经营战略的执行得到简化。价值驱动型业务流程管理正是令你获得全透明度，并帮助你的组织获得敏捷而高效的业务转型能力的方法。请你利用价值驱动型业务流程管理，在高速变化的市场中完成转型。

——凯瑟琳·多纳休（Kathleen Donahue），辉瑞公司业务流程管理高级总监

业务流程管理作为一种工具在不断演变。组织利用这种工具来有效地满足客户的需求。而令这部作品鹤立鸡群的，则是弗朗茨和柯克莫借助他们丰富的经验和实地调查，来展示业务流程管理是如何超越一种工具的。在他们的指导下，你可以学到如何让业务流程管理的框架来整合组织中的人员、流

程和战略。

——内特·班尼特（Nate Bennett）博士，佐治亚理工学院客座教授

价值驱动型业务流程管理可以成为新的范例，令业务流程管理上升到一个新的水平。作者展示了一个令人信服的理由，和一种创新的价值驱动型方法。他们基于丰富的经验和相关研究，分享了无数案例和指导方针，这将对全球各行业的业务流程管理专业人士起到借鉴作用。

——迈克尔·罗斯曼（Michael Rosemann）教授，昆士兰科技大学科学与工程学部，信息系统学院院长

这是一本改变游戏规则的书。与"一般系统论如何提高了对组织的复杂性的理解"类似，弗朗茨和柯克莫展示了一种以价值为基础的业务流程管理组织框架，帮助从业者和学者们更好地理解现代化组织对思考、规划、战略和执行的有效整合。

——拉里 M. 斯塔尔（Larry M.Starr）博士，宾夕法尼亚大学研究生院组织动态学执行董事和学术主席

弗朗茨和柯克莫为读者提供了业务流程管理生命周期的各个阶段坚实的基础。

——阿兰·特雷弗莱（Alan Trefler），美国 Pegasystems 公司 CEO 兼董事会主席

由弗朗茨和柯克莫所定义的价值驱动型业务流程管理，是一个非常有见地的方法，借助实用的方法和工具，通过流程管理为企业带来实效。这是一种新的方法，能使战略快速进入实施阶段。

——沃尔弗拉姆·约斯特（Wolfram Jost），Software AG 公司首席技术官

这本书远远超越了传统的"方法-工具"的角度，它展示了对作为一种管理原则的业务流程管理的最新、最为广泛的视角。凭借着他们的丰富经验，弗朗茨和柯克莫勾勒出了一副蓝图——使用业务流程管理来获得直接价值、为整个组织谋取利益，提升长期的战略能力，用远景和实用的见解来武装公司的领导层，以采取行动。运用书中提供的原则，以实际而有效的方式来了解公司的流程，以及如何让业务流程来最大限度地优化价值链，是一个至关重要的工具。同时，它也保证了整个公司能够全神贯注地实现业务目标。

——保罗·奥弗莱厄蒂（Paul O'Flaherty），南非电力公司（Eskom）财务总监

前言

任何繁复且巧妙技能的掌握过程，都或多或少显得有些神秘。无论是某位投资人"低吸高抛"的询价过程，还是某位音乐家为乐曲赋予生命的创作过程，先达到的总是循规蹈矩亦步亦趋的水平，然后才可能熟能生巧，晋级，达到出神入化的境界。成千上万的芸芸众生无不遵循这一路径，只有寥寥可数的几位能脱颖而出，成为他们这一代人中的股神沃伦·巴菲特和爵士乐之王迈尔斯·戴维斯。而这些"大师们"是如何达到这一境界的呢？大多数时候，他们是不会告诉你的。赶快研读你的《证券分析》（格雷厄姆和多德合著）去吧。唯手熟耳！

商业领域亦如是。在管理顾问职业生涯中，我们孜孜不倦地致力于不断深化对系统改进管理实践的理解。本书所谈的"低吸高抛"，被称为价值导向型业务流程管理。在我们的指导下来应用这种方法的企业，都把"流程"置于业务问题处理和企业竞争力的核心地位，把它作为既可以实现当下收益同时又兼顾更强、更具战略性能力建立的长远路径。举例来说，一家世界领先的石油天然气公司在并购后的整合过程中，通过价值导向型业务流程管理，实现了比预期更快的收益，同时加强了核心的安全合规管理，这一点也正是本书所坚持的原则之一。该原则不仅对于公司来说价值连城，而且可以在未来持续降低工厂倒闭的风。在另一个案例中，一家高科技公司采用价值导向型业务流程管理来界定其所需要的投资重点，从而使其产能增长了十倍。该公司不但降低了成本，而且在比预期更短的时间内实现了产能扩大的目标，同时打造了企业在未来不断提高流程管理水平的能力。

我们在价值导向型业务流程管理领域耕耘了 20 余年，以各种方式使聚焦流程的管理方式系统化,为管理层提供参考,本书便是我们在这一领域进行探索的心经。在接下来的篇幅中,我们将尝试着讲好这个故事:什么是价值导向型业务流程管理,它是如何运作的,以及你所在的组织该如何引入这门管理制度,以实现持久的差异化和卓越业绩的达成。如果你是一位企业负责人,正在寻找一种方法:允许并鼓励每位员工以与公司战略一致的方式,来展现他(或她)在业务管理上的精湛技艺,那么这本书正是你想要的。我们也希望这本书带给流程管理实践者和相关学者们更大的价值。作者出版本书的目的正是与读者分享真知灼见,让更多的读者能够从中受益。

  我们试图在最大程度上解密实现高绩效的路径,并展现企业是如何组织运营,从而使流程的执行在各个层面上都能反映高管们的战略意图。要取得卓越的业绩,有许多重要的影响因素:对资本的深刻理解以及如何合理配置;适应组织实操的动态调整能力;创新的产品以满足不断变化的客户需求;当然,还有更多。正是流程管理这一捷径,确保你的员工和生产工艺能够很快适应并卓越执行新的管理模式,从而最终实现辉煌的业绩。我们坚信,通过理解业务流程管理的内涵和功效,并应用本书中所介绍的方法,尝试着用我们称之为流程管理的流程(Process of Process Management)来管理你的公司,将大大加快执行进程,实现战略改善。

  在我们咨询项目的过程当中,有一个问题经常会凸显:"价值导向型业务流程管理和普通的旧的业务流程管理,到底有什么区别呢?何况,原有的流程管理理念已经被实践了很多年,而且也花费了我们一大笔成本?""价值"二字恰恰就是答案。"价值"才是始终存在于我们方法中的"北极星",以确保你不会迷失在技术化或方法化的茫茫荒原中。始终把"价值"二字牢记心中,你已经应用的工具和方法也都可以继续用于支持战略,而不是"自掘坟墓"。我们提供过咨询服务的公司都会发现,他们正在从原来的困境中解脱出来。虽然最理想的状态是能有像杰克·韦尔奇这样的首席执行官来推动这种持续改进，如精益六西格玛管理，这种深度的参与和投入，是非常珍贵而且必需的。价值导向型业务流程管理通常是在战略层面上达成它的目标，它衍生出了丰富的内涵和关键点，这将使你能够获得一个孤立的持续改善方案通常无法获得的足够认同。

这本书的副标题"价值转换"，作为术语有以下三个关键的含义。

"价值转换"意味着帮你把视角切换到对 BPM 与日俱增的欣赏及其推动价值提升的强大能力。我们并没有重新发明一种新形式的业务流程管理方法，而是揭示了如何将传统的视角转换成最新的、功能强大的、结果导向型的视角。

"使价值得到转换"是指将你的整个组织脱胎换骨为一个新兴的管理规范的组织，而且将被证明这种规范是空前成功的。本书中分享了我们为之服务的一些龙头企业的故事，正是应用了这里提出的理念和框架，重塑了他们的管理方式。

最后，应用价值导向型业务流程管理就像是"打开价值的开关"——正如一位在研究中接受我们访谈的高管所表达的——在整个企业中"打开灯的开关"。这种业务流程管理的方法能充分发挥透明度提高的益处，使各个关键流程之间的良性关系具有更高的可视性，而这种透明度又可以帮助你选择合适的流程改进方法和正确的流程指向。提高透明度，也是提高公司成功应对变化和挑战能力的关键。例如，了解哪些进程产生哪些费用；通过了解如何降低成本并快速实施，可以对费用产生影响；抑或是知道如何更好地对新趋势做出反应。

我们将分为三个部分介绍价值导向型业务流程管理的故事。

第一部分（第一至五章）将聚焦于自上而下的视角。我们解释了价值导向型业务流程管理如何帮助你提高透明度，评估流程的成熟度，识别执行策略的风险，设置优先级，然后再以可持续的方式提高流程的有效性和效率。第一部分特别写给各位 C 级别的高管们，帮助高管们对于直接产生的变化获得完整的概念和总体的洞悉：从引入价值导向业务流程管理的背景和细节，到将价值导向型业务流程管理与现有的业务流程管理同步化的努力。

第二部分（第六至八章）则是自下而上的阐述。将阐述应用价值导向型业务流程管理需要面对的特殊挑战，如技术、组织结构以及变更管理。第二部分特别有助于变革的实践者，以及那些需要对变革最终负责的 C 级别高管们。

第三部分（第九至十章）通过深入的案例研究来阐述价值导向型业务流程管理在实践中的应用，并着眼于影响和价值导向型业务流程管理的未来。价值导向型业务流程管理将如何改变那些 C 级别的高管层，技术领域，以及整个管理实践？

我们要感谢众多已从中受益的客户，是他们在本书初具规模时为我们贡献了大量的实践真知。还要感谢那些曾与我们在这一旅途上并肩前行的同事们，是他们在探索之路上不断给我们提供灵感。卓越的深度执行，精益求精，自动化的流程和业务流程管理学科的强强联合，专注于"价值"，所有这一切深刻影响了我们的思考。

我们还要感谢卡尔-海因茨·弗洛瑟（karl-Heinz Floether）和马克·福斯特（Mark Foster）对我们的有远见的支持，以及埃森哲的运营咨询领军人物马克·皮尔森（Mark Pearson）、马克·乔治（Mark George）和格雷格·库达希（Greg Cudahy）对书稿的审阅和宝贵的意见。

我们的价值导向型业务流程管理之旅仍在继续。正如我们在后文中将要阐释的，这门管理学科的重要性还将继续增加，我们很可能会在未来通过更新的版本进一步深化对这方面知识的理解。我们也衷心希望你能跟随我们一起踏上这一意义非凡的旅程。

彼得·弗朗茨（Peter Franz），伦敦

马赛厄斯·柯克莫（Mathias Kirchmer）博士，费城

目 录
Contents

对本书的赞誉

前言

第一部分　价值导向型业务流程管理的规划和战略

第一章　价值导向型业务流程管理：现在，你为什么需要它 /3

"完美风暴"：呼唤新方法的多方因素 /6

业务预报：加速的变革，更大的风险和复杂性 /6

多样化的、分布式的可消费技术 /8

业务流程管理日渐成熟 /9

价值导向型业务流程管理的管理规则 /9

关注业务产出 /12

应用于组织的每个部门 /14

为了实现持久影响而建设 /15

价值导向型业务流程管理的组成部分 /16

本章注释 /19

第二章　价值导向型业务流程管理的影响 /20

作为一种组织原则的价值 /21

将战略加以执行 /22

创造透明度，减少"效益背反" /23

减少或解决经典的业务冲突 /25

缓和"质量/效率"这一对矛盾 /25

缓和"合规性/灵活性"这一对矛盾 /27

缓和"内部整合/外部链接"这一对矛盾 /28

开启你通往业务导向型业务流程管理之旅 /30

　　本章注释 /32

第三章　流程管理的流程 /33

　　流程管理的流程是什么 /35

　　为什么你需要一种流程管理的流程 /37

　　流程管理的流程的参考模型 /39

　　　　业务流程管理的操作 /40

　　　　业务流程管理的方法和工具 /45

　　　　业务流程管理的交付 /49

　　　　业务流程管理的变革 /50

　　　　业务流程管理的支持体系 /51

　　通往流程管理的流程的途径 /52

　　　　触发点：合并后的合理化 /53

　　　　触发点：一个业务流程管理单元的建立 /53

　　　　触发点：变革和增长 /54

　　流程管理的流程取得成功的四种因素 /55

　　　　赢得企业高层领导的支持 /55

　　　　取得立竿见影的胜利 /56

　　　　保持简洁 /56

　　　　找到合适的自由度 /57

　　本章注释 /58

第四章　绘制一张通往价值导向型业务流程管理的路线图 /59

　　在你开始之前 /61

　　　　不要好高骛远 /61

　　　　将战略与执行联系起来 /62

　　　　业务流程管理应该适合你的组织 /62

　　　　太多、太快的指标 /63

定性流程分析 vs 定量流程分析 /64

你为什么需要这张通往价值导向型业务流程管理的路线图 /65

  路线图概述 /66

评估操作流程 /68

干预措施的量化 /73

  划分 /73

  流程管理评估 /76

辨别合适的业务流程管理能力 /80

实施三角法 /80

  绘制一张路线图 /82

最终结果：通往价值导向型业务流程管理的路线图 /83

本章注释 /83

第五章　价值导向型业务流程管理如何优化流程改进措施的影响 /84

价值导向型业务流程管理和流程改进方法 /85

应用价值导向型业务流程管理实施流程改进的四种类型 /89

业务流程改进（自上而下，以人为中心） /90

  业务流程改进的目标明确 /91

  业务改进的合适范围 /92

流程改进方法（自下而上，以人为中心） /93

  业务流程管理和 Kaizen /97

价值导向型业务流程管理和其改革（自上而下的，以 IT 为中心） /97

  价值导向型业务流程管理：修补 IT 与业务之间的裂缝 /99

  价值导向型业务流程管理和自下而上、以 IT 为中心的改进 /100

本章注释 /102

第二部分　建立一个价值导向型的组织

第六章　建立一个价值导向型业务流程管理的组织 /105

什么是流程部门？为什么我会需要它呢 /107
　　业务流程管理的 BPM 卓越中心 /108
　　流程部门 /110
　　一种流程文化 /110
建立一个 BPM 卓越中心，提供流程治理 /111
　　业务流程管理 BPM 卓越中心的起源和增长模式 /111
BPM 卓越中心之外的管理组织 /115
榜样角色和责任 /117
　　业务流程管理文化和变革管理 /118
　　业务流程管理文化 /119
　　流程培训 /121
　　整合培训中的授权技术 /123
　　对流程文化的平稳的变革管理 /124
本章注释 /125

第七章 价值导向型业务流程管理的信息技术 /126

哪一种技术可以支持价值导向型业务流程管理 /127
流程建模和存储库工具 /129
　　使用正确的工具完成工作 /130
　　流程存储库的优势 /135
业务流程管理执行系统 /136
服务导向型框架的作用 /139
流程业绩监控系统 /141
"企业 2.0" 和社交媒体的前景 /143
　　企业 2.0 /144
　　其他方面的新发展 /146
　　企业 2.0+ /147

智能环境 /148

　本章注释 /149

第八章　管理价值导向型业务流程管理的信息模型 /150

　为什么你需要流程模型和存储库 /151

　　存储库的用途 /154

　存储库战略的五个关键部分 /155

　　走向市场：应用案例有哪些 /156

　　内容：描述什么 /156

　　格式：如何描述内容 /157

　　治理方式：如何控制存储库的发展和维护 /158

　　可用性和工具：应用什么软件 /159

　流程存储库取得成功的因素 /160

　　实现短期的成功 /160

　　树立紧迫感 /161

　一种综合观：价值导向型业务流程管理的愿景和战略 /162

　　一种明确定义的框架 /162

　　培训和交流 /162

　　存储库成为组织的一部分 /162

　创建流程存储库的常见错误 /163

　参考模型：你为什么需要它们 /164

　参考模型的类型 /166

　　行业组织中的功能模型：供应链运作参考模型 /167

　　行业组织的功能模型：价值参考模型 /169

　　行业和功能模型：美国生产力和质量中心流程框架 /169

　　基于软件的参考模型 /171

　　学术界的行业参考模型：希尔Y模型 /171

　本章注释 /172

第三部分　价值导向型业务流程管理的现在与未来

第九章　价值导向型业务流程管理实践　/177

案例1：一家全球石油和天然气公司的价值导向型业务流程管理　/178

  触发点：并购和收购合理化　/178

  价值导向型业务流程管理是如何提供帮助的　/180

  重大成果　/182

案例2：一家大型高科技工程公司　/182

  触发点：创新和增长　/183

  价值导向型业务流程管理是如何提供帮助的　/184

  显著成果　/186

案例3：一家全球化学公司　/187

  触发点：核心系统实施和并购&收购　/187

  价值导向型业务流程管理是如何提供帮助的　/188

  重大成果　/189

案例4：一家全球服务公司　/189

  触发点：大型改革和应用合理化　/190

  价值导向型业务流程管理是如何提供帮助的　/191

  重大成果　/192

第十章　价值导向型业务流程管理的未来　/194

趋势和预测：价值导向型业务流程管理如何塑造商业世界　/196

趋势：什么因素驱使企业采取价值导向型业务流程管理　/196

  趋势一：实时的、灵活易变的商业环境　/197

  趋势二：将"动态改革"和"缓慢稳定"紧密联合　/197

  趋势三："全球的区域化"——应对流程治理方式的挑战　/199

  趋势四：价值导向型业务流程管理技术即将短缺　/200

趋势五：业务流程管理潮流 /200

趋势六：业务流程管理和信息技术的角色转变 /201

预测：运用价值导向型业务流程管理，接下来我们要去往何处 /203

预测一：强大的流程领导的出现 /204

预测二：采用价值导向型业务流程管理的
新兴市场跨国公司 /208

预测三：以流程为中心的关键绩效指标和视觉绩效管理 /208

预测四：社交网络和可视化 /209

预测五：以流程为中心的系统集成 /211

一种新型管理哲学 /212

本章注释 /213

名词缩写 /214

第一部分
价值导向型业务流程管理的规划和战略

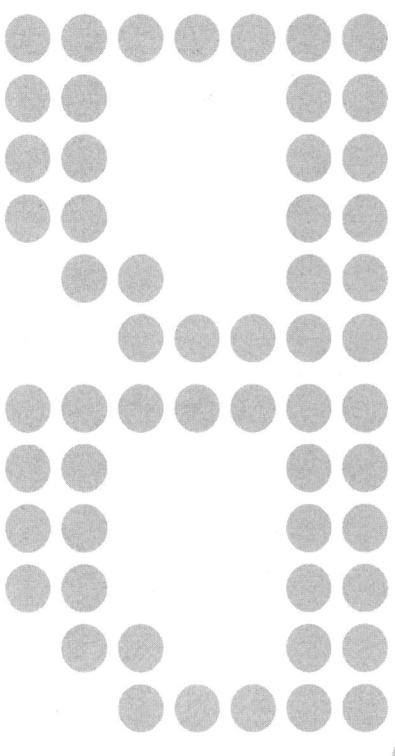
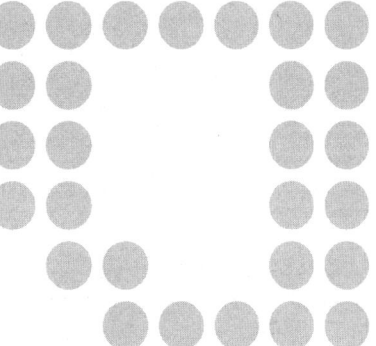

第一章

价值导向型业务流程管理：现在，你为什么需要它

在业务流程管理（Business Process Management）领域，我们拥有足足 40 多年为商业领袖提供建议的经验，这使我们拥有了与全世界各种公司的经营管理团队往来的优势。尽管各个行业、国家之间存在很大差别，但通过处理多样化的棘手问题，我们仍然可以发现一些共性。纵观全球，众多的公司 CEO 和高层管理团队都在问自己同样的问题：

- 我们怎样才能更好地实施战略？
- 我们怎样才能将我们的管理精力聚焦在最重要的问题上？
- 我们怎样才能在最重要的业务领域提高自身的透明度？
- 我们怎样才能更加灵活地应对新的市场环境？
- 什么时候，我们能不再需要渐进式改进？又是什么时候，我们需要根本性的业务变革呢？

我们发现，通过运用我们开发的管理方法——价值导向型业务流程管理，与我们合作的公司都可以得到快速、持久的改善。该方法可以通过一系列组织过程，连续不断地将战略具体地实行，并提供持续的价值。

> 价值导向型业务流程管理是一种把"流程"作为关键链接环节的管理规则，通过流程的衔接来实现业务**战略**最终的**落地执行**。它为基于组织战略部署的初步行动明确重点，将业务流程转化为企业真正具有竞争优势的**有形资产**。价值导向型业务流程管理使业务流程适应性更强，能够更灵活地调整战略，以应对动态多变的商业环境。

物换星移，现代企业以往所经历的挫败感已经逐渐消失了；取而代之的，是因掌控复杂经营状况的能力日益强大随之而来的兴奋感。

本书涵盖了价值导向型业务流程管理中各个方面应有的内容，我们的目标是帮助你运用流程的强大力量，来提高组织的业务水平。在第一章中，我们会对应用业务流程管理的高级方法做一个背景方面的交代。我们将讨论：

- 令业务流程管理新方法得以应用的多方力量；
- 使这种新型管理规则成为实践的数十年发展历程。

随后的各个章节中，将会涉及业务流程管理的其他内容，进行如下讨论：

- 价值导向型业务流程管理对企业的积极影响；
- 你应该如何展开价值导向型业务流程管理之旅。

如果你关注一下业务流程管理在当下的应用，就可以看到：如今的企业已经开展了范围相当广泛的管理实践：流程自动化系统的引入——从搭建各种建模工具，到充盈流程存储库，到整合企业各种应用的过程，直到企业组织框架的应用原则。到目前为止，最常见的一个问题还是——公司的业务流程管理，通常还处于七零八落的碎片状态。而实际上，价值导向型业务流程管理，正是要在所有零散的部分之上来构建一个框架，使之形成紧密有机的整体。

埃森哲咨询公司、布里斯班（澳大利亚）的昆士兰科技大学和费城（美国）的宾夕法尼亚大学，三方联合就价值导向型业务流程管理的应用优势进行了调研。据初步报告显示：普遍来说，首先，价值导向型业务流程管理会增加业务的透明度[1]——这一点在第二章中会有更详细的阐述。换句话说，价值导向型业务流程管理驱散了业务中弥漫的"雾气"，这样，你才能发现并解决业务中真正的问题。

价值导向型业务流程管理的第二个优势，是减少业务自身存在的效益背反的状况。成功的企业并不会为效率牺牲质量（或反之，为质量牺牲效率），应用价值导向型业务流程管理之后，企业能够兼顾效率与质量，确保合规性和灵活性并存，在管理大型分布式合作伙伴生态系统时，

第一章 价值导向型业务流程管理：现在，你为什么需要它

将个人之间以及流程之间紧密结合。价值导向型业务流程管理的力量非常强大，它能够用一些独特的方法来减少效益背反的状况。

我们调查中的其他关键发现：

- 如果业务流程管理的初步行动没有得到企业高管的支持，且又缺乏紧迫感，那么它通常会将重心放在方法论以及技术性问题上，从而沦落为"基于具体业务活动的项目"。而价值导向型业务流程管理，能够将现状提升到更高、更具战略性的水平。首先，它的关注点是价值和产出；其次，它将战略目标和企业流程紧密联系起来。
- 通常来说，业务流程管理采用一种普遍方式来执行初步的行动，而这种方式并不适用那些对该行动非常重要的特定价值。而价值导向型业务流程管理则可以帮助企业识别这些价值，快速准确地将其与辅助流程联系起来。

通用电气前 CEO 杰克·韦尔奇，在《赢》一书中，描述了他是如何在企业中应用"六西格玛企业管理战略质量改进方法"的。[2] 在他 14 年担任 CEO 的职业生涯中，韦尔奇以他对企业中沉闷官僚作风和效率低下现象强硬反对的做法而闻名。韦尔奇在企业中应用六西格玛企业管理战略，来继续并加速了一场消灭浪费、促进创新、创造价值的"战役"。

如今，你可能正在面临韦尔奇当时的处境。你试图用多种方法提升业绩，有些方法成功了，有些方法失败了；但是，没有一种方法能够广泛适用，并持续有效。你可能在领导一个通过有机增长（organic growth）起家的商业组织，或者经过兼并和收购形成的多元化企业。你曾为制订战略耗费很多时间和资源，却最终发现企业很难执行这一战略。无论是站在宏观还是站在微观的角度，无论是在大企业还是在小公司内部，世界各地都存在着这种状况。

如果韦尔奇现在仍是 CEO——如果他在改进组织 14 年后依旧希望提升企业的业绩——我们坚信本书所述的"价值导向型业务流程管理"这一综合方法定会帮助他实现目标，并且将组织提升到一个更高的水平。无论你正处于旅程开始的准备阶段，还是处于一个更高级的阶段，价值导向型业务流程管理都一定会行之有效。

"完美风暴"：呼唤新方法的多方因素

由多方因素形成的"完美风暴"，一直推动着公司高管们去寻找一种业务流程管理的全新方法。如今的商业环境变得越来越复杂艰险，这就要求各个组织来应用一种更精密的优化管理形式。商业环境的变化速度加快到一定程度——此时，"稳定平衡"这个概念已经过时，"持续变化"才是一种新的常态。新技术带来了以几何级数增长的更多选择。跟上这诸多的技术可能性组合的同时，迎合不断变化的业务需求是对企业的首席信息官们的基本要求。业务流程管理的方法和技术在 20 年的研究实践后已经趋于成熟，可以被完美地协调起来，在新型的管理规则面对挑战时起到辅助作用。

在世界级别的航赛上，经验丰富的水手们都会把狂风暴雨当做超越其他水手的机会。因此，我们这里才用了这一看上去自相矛盾的词组——"完美的风暴"。在商业领域，也正是那些能够经受动荡局势的人们才能为企业创造可持续优势。

业务预报：加速的变革，更大的风险和复杂性

呼唤这种新型管理规则的第一种因素，就是当代经济社会这片波澜壮阔的"海洋"。在埃森哲咨询公司内部，我们常常会去调查那些将对业务战略产生长远影响的因素。这时候，经常会有人问我们，"局面什么时候能够恢复正常呢？"如果"正常"意为"上一个经济大衰退之前的局面"，那么答案是，"永远不会"。在埃森哲咨询公司的最新分析中，确定了七种不同的力量。而在下一个十年内，公司高管们的生活会因为这些力量而变得更加"丰富多彩"。

- 人口增长。
- 技术变革。
- 能源市场的挑战。
- 环保意识。
- 健康和恐怖主义危机。
- 不确定的金融市场。

第一章 价值导向型业务流程管理：现在，你为什么需要它

- 全球化。

飞速变化带来的影响

飞速变化，使得企业对价值导向型业务流程管理的需求增加[3]

人口增长的最新趋势表明，如今全球有 70 亿人口，而到了 2050 年，人口总数会增长到 93 亿。[4]第一种趋势是，亚洲大量中产阶级的出现，这意味着一个巨大的消费者市场的产生。除此之外，超过 20%人口的年龄将超过 60 岁。[5]然而，其中绝大部分人口增长会出现在城市，而城市规模也会逐渐扩大，来吸收人口增长所带来的影响。这三种人口趋势对很多市场具有显著影响。

技术变革加速。目前，全世界有超过 40 亿人拥有手机，[6]而这个数字还会增加，尤其是在新兴市场。手机支付服务也会迅速增加，这会改变消费者的消费方式。电子芯片会继续增加功率，实时处理由传感器和智能办公楼传送的信息。在预测中，卫生保险技术也将显著增长。

能源市场面临的挑战是，要去寻找一条维持经济增长的可持续道路。可再生能源的需求量会很大。企业会应用智能电网这样的技术，从而使输电更有效率，并迅速对生产成本的改变做出反应。

环保意识的核心是，在不破坏生态系统的前提下，实现可持续增长。碳排放将受到限制，粮食和水资源会成为更加稀缺、更加需要悉心管理的资源。

下一个十年中，**健康和恐怖主义危机**可能会变得更加显著。流行病——例如 SARS 病毒——会再次爆发，恐怖主义依旧会危害社会，其他不可预见的危机也有可能出现。

在混乱的**金融市场**中，信用转瞬即逝，反复无常。在日益网络化的世界中，随着政府、企业和文明社会学会携手合作，金融市场将会继续改革。商务变革的影响深远。

全球化带来了互联性，如今的世界成为历史上信息最为同步化的时期。尽管全球化带来更高的效率，但这也意味着，贸易保护主义和自然灾害的破坏所波及的范围将更加广泛。

随着变革速度的加快，以上趋势预示着未来具有不可预测的复杂性，这将是 CEO 和管理层人士们面临的最大挑战。曾经的管理实践将会接受实践的检验，而其中绝大部分会失败。在我们看来，为了成功地管理一个更加复杂的世界，组织需要显著地令业务透明度得到扩展，也需要应用价值导向型业务流程管理这种以流程为中心的管理规则。

多样化的、分布式的可消费技术

驱动企业寻找新型管理规则的第二种因素是：尽管技术背景发生了变化，使得技术变得更加简单，但是连接技术与业务这一任务却变得越来越复杂。和之前的状况相比，"云计算""软件即服务"以及专业设备的激增，为企业提供了更加先进的技术能力以及更大的灵活性。对于企业用户来说，他们只需要信息技术部门的有限参与，设计技术解决方案也更容易。除此之外，随着公司业绩的突飞猛进，计算能力的成本也持续降低。

企业可以购买更小批量且更加便于操作的技术设备。大规模集成单个应用程序套件的时代已经让位给了一系列小而简单的应用，而这些应用在应用商店就可以购买到，或者在网上获取到。企业采用这种方法创建了一个生态系统，用以促进应用创新，Google Apps、Box.net 以及 Salesforce.com 这几家公司就在其中。即使在大型系统供应商，如思爱普（SAP）和甲骨文公司（Oracle）中，消费者也能够获得便于理解、容易配置的小型组件应用。这片"云"正在更深远地改变着信息技术产业的各个层次的来源，从底层基础设施到整个流程。

而价值导向型业务流程管理，则提供了一张"滤网"。通过询问企业："我们需要哪种技术，用于改进特定流程？"商业组织可以来决策某种技术是否相关。这样一种分析，清楚地回答了以下难题。例如：

- 究竟哪些资产应该进行外包管理？哪些应该保留给企业自主运营？
- 哪些技术应该加以淘汰？
- 更重要的是——究竟哪些技术能够创造最大的价值？

信息技术越来越多地运用一种"流程框架"(process framework)，将其作为组织应用架构的一种方式。除此之外，它也别无选择。我们一直听到关于"企业需要一种合理的流程构架"的证据。一位金融服务行业的首席信息官最近发表了如下评论："应用组合愈来愈多样化，我们几乎不可能理清它们的头绪。"价值导向型业务流程管理也能够分析业务问题，帮助你理解如何应用新的技术，解决这些问题。

你的企业所面临的挑战，是将所有多样化的、分布式的以及容易消费的技术联合起来，使之满足需求。如果企业的流程路径相对简明，那么它们就能够精确地评估目前所采用技术以及新技术各自的作用。采用一种以流程为中心的方法，企业可以创建一种快速决策的组织框架。

业务流程管理日渐成熟

促使新型管理规则成型的第三种因素是，业务流程管理能力的发展。经过 20 年的研究实践，业务流程管理工具、标准、最佳实践以及参考模型已经通过"商业战争"的考验。其结果是，业务流程管理系统（BPMS）、流程建模、现有工具以及包括多种行业参考模型在内的一系列技术已经日臻成熟。在这些工具中，目标型流程改进方法，如六西格玛企业管理战略、精益生产（Lean Manufacturing）以及全面质量管理（Total Quality Management），已经完成了一个提升周期。与此同时，企业和从业者也在学习如何更有效率地应用这些工具。

如果这个复杂的、以过程为中心的管理原则是一个谜，那么这些工具就是解开这个谜的一个个线索。价值导向型业务流程管理可以将以上工具知识加以综合，构建一个协助现代管理团队接受挑战的系统化模式。在这一章的后半部分以及第二章，会对此加以详细解释。

价值导向型业务流程管理的管理规则

当我们首次与高管团队坐在一起，讨论企业所面临的挑战以及价值导向型业务流程管理是如何提供帮助时，我们经常会听到这样的陈述：

- "我们为什么需要业务流程管理？我们需要处理一些更重要的问题。"
- "业务流程管理服务太贵了，我们根本支付不起。"
- "我们已经拥有了企业资源计划（ERP），那就是我们的业务流程管理。"
- "我们已经拥有了业务流程管理。我去年才签署的协议，购买了软件。"
- "我们一直在企业里应用六西格玛企业管理战略，那还不算是业务流程管理吗？"
- "我们拥有一支专门关注流程的业务流程管理团队，为什么你们还想让管理层来介入呢？"

在大部分谈话中，我们的第一个任务，是来鲜明地区分组织对业务流程管理的理解与价值导向型业务流程管理的实际管理规则。首次向企业解释价值导向型业务流程管理的时候，我们发现，尽管业务流程管理在企业实践中的存在已经超过 20 年，但有时候它的遗留问题依旧很麻烦。许多企业可能从未认识到上述陈述中所存在的问题。

为了清楚地理解价值导向型业务流程管理与其他以流程为中心的方法（在第五章，我们会详细讨论的一个话题），如精益生产、业务流程再造以及六西格玛企业管理战略之间的差异，我们将完整地为它们下定义。就其基本形式而言，每个流程改进方法都提供了一种思维模式和潜在应用范围。比如说，精益生产是首先被应用于行业之中，后来又被应用于服务导向型的企业中。企业确定价值流，规范工作流程；通过实施一系列渐进步骤，去除系统中的浪费。六西格玛企业管理战略将重点放在寻找流程中的变量来源，并系统性地去除它们。业务流程再造的重点是详细审查"as-is"流程中的问题，用来确定这些流程改进后的"to-be"

第一章 价值导向型业务流程管理：现在，你为什么需要它

状态。像"持续改善"㊀这样的方法，能够有效地使员工投身于流程改进之中。企业在有利的条件下执行项目，利用这些技术提供显著价值，这样的事例就有很多。这些项目的共同特性是全程关注价值，以及在制定流程管理规则的同时强调流程的执行卓越能力。价值导向型业务流程管理已经形成这样一种规则：它采用一种更为结构化的方法，将价值作为重点，驱动卓越的执行，并持续保持着这种成效。

为了支持业务流程管理，企业研发了各种各样的技术：流程建模的环境和保存记录的存储库，这让组织能够"从头到脚地"描述它们的全部业务。它们创建了流程参考模型，从而获得标准行业实践。业务流程管理系统将流程描述作为基础，然后开发出软件。业务活动监控系统能够获取全部流程的详细监控，企业将更多的注意力放在流程的图表展示上。它们应用流程建模设计集成应用，或者自己安装应用。目前，最新的发展是在社会业务流程管理领域，社交媒体技术也被应用于流程管理之中。

流程改进的方法和技术方面虽然都有大踏步地前进，然而，有一个问题却一直存在着。通常来说，在无须充分连接企业的核心价值创造任务时，流程改进方法就能够使业务流程管理更有效。因此，业务流程管理技术被用来制造了一些"华而不实"的模型，而这些模型却很少被真正应用借鉴。

业务流程管理应用至今，已经陷入了缺乏潜力的境况。为了将重点放在流程上，企业已经开发了一系列功能强大的工具。但是，对于业务流程管理来说，作为一种管理规则，它须要将重点放在提高业务产出以及业务产生价值的方式上。价值导向型业务流程管理填补了业务流程管理缺失的碎片，将它转化为一种管理规则，使它站在合适的位置，同财务、会计、人力资源以及其他成熟的管理实践一起发挥作用。

㊀ Kaizen，源自日语单词"改善"，意指小的、连续的、渐进的改进。——译者注

关注业务产出

"业务流程管理"（BPM）经过了长期实践，它与"价值导向型业务流程管理"（Value Driven BPM）的关键差异之一就是追求不同。业务流程管理有多种形式，在大多数情况下，它被定义为改进流程的一种方法。而在如何选择需要改进的流程，或者如何将流程与企业战略相联系这些问题上，业务流程管理根本就无能为力。尽管人们对业务流程管理的大部分描述中都在讨论这些问题，但这些方法在实际中却并未解决问题。

> 我们询问组织中业务流程管理的商业领袖们的一些最实际的问题，包括："你想要提供哪些价值？""你如何向首席执行官证明你存在的意义？"他们的回答各不相同。有时候，他们回答："我来负责关注流程模型。"但是，对于流程模型为什么需要特别关注这个首要问题，他们却不甚清楚。

价值导向型业务流程管理填补了那个缺失的部分，从而达到了一种管理规范的高度，如图1-1所示。它将业务流程系统地转化为流程资产，从而为组织提供竞争优势。一种管理规则将整个企业作为它的首要关注点。在你应用价值导向型业务流程管理时，你要将战略、技术以及人牢记于心。在价值导向型业务流程管理的生命周期中，包含着传统业务流程管理的方法和工具，只是这些方法和工具被更有效地组织起来。

在与企业高管们首次见面时，我们并不会讨论具体的流程，却会用好长一段时间来讨论业务战略、市场环境以及他们面临的持久性挑战，有时候他们会觉得这很奇怪。他们经常会问："我们什么时候讨论流程和业务流程管理？"我们的答案经常是一致的，"在我们更好地了解你的企业和它所面临的挑战之后——顺便说一句，我们已经在讨论业务流程管理了。"

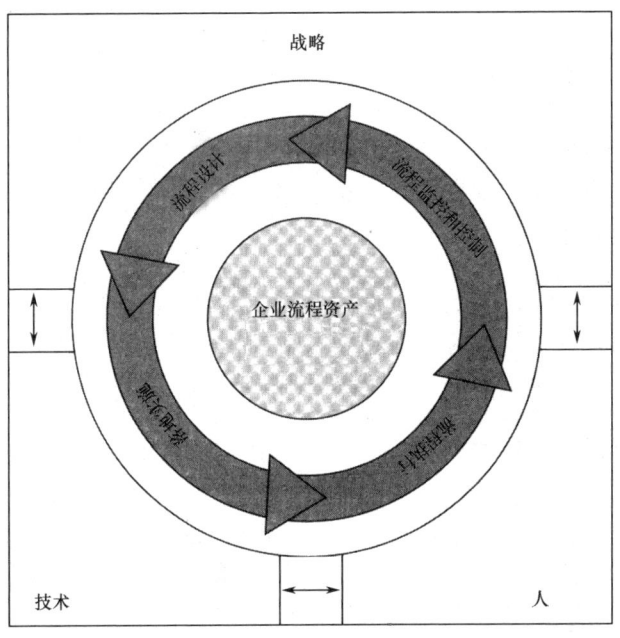

图 1-1　价值导向型业务流程管理的组织框架

资料来源：Mathias Kirchmer，*High-Performance Through Process Excellence*，znded，Berlin：Springer-Verlag，2011.

管理规则的定义

在高德纳公司（Gartner）的信息技术词汇表中，业务流程管理被定义为"一种驱动卓越运营以及业务灵活性，将业务流程作为资产，直接改进企业业绩的管理规则"。[7]

高德纳公司的定义十分准确，但是，它并没有将一个词充分阐释——管理规则。

管理规则是一种管理风险并确保成功的实践；它也与一个核心功能有关，对企业的成功起关键作用。管理规则注重于企业的大局面以及各种细节，为具体部门如何运转提供自己的意见。最后，一种管理规则能够确保某个特定的功能部门能够对企业中的其他部门发挥持续性的最大功效。

应用于组织的每个部门

一种真正的管理规则的特点是，它不仅仅关注业务产出，而且能够得到普遍应用。我们发现，这个概念是最难理解的部分之一，但它又是理解业务流程管理和价值导向型业务流程管理之间差异的关键。

在大多数企业中，每个部门都会应用特定的功能。举例来说，人力资源部门会拥有一套流程，用来招聘和解雇员工、提供福利、解决纠纷，处理任何在雇佣过程中发生的事件。而财务部门则会提供一套预算和会计实践，一套提出资本配置请求的流程，以及花钱和收钱的各种机制。

价值导向型业务流程管理的核心见解之一，就是企业的每个部门都需要一种"流程管理的流程"，我们将会在第三章中详细介绍。流程管理的流程，是价值导向型业务流程管理在组织的每个部门"焕发生机"的方式。它是一种参考模型，通过定义治理（governance）、管理（management）和操作流程（operational processes），将价值导向型业务流程管理投入应用。

> **价值导向型业务流程管理与流程管理的流程**
>
> 本书用两个词来解释同一个知识体系。当我们使用"**价值导向型业务流程管理**"这个词时，我们讨论的是整个知识体系。这个知识体系不仅包括作者所加入的部分，还包括了过去 20 年来业务流程管理这个"大概念"下发展而来的实践和技术。
>
> 当我们使用"**流程管理的流程**"这个词时，我们讨论的是这个知识体系如何组织，成为将价值导向型业务流程管理在企业加以实践的流程。同价值导向型业务流程管理一样，流程管理的流程不仅包含业务流程管理中的所有实践和技术，而且加入了为实施业务流程管理的操作而准备的新流程，企业运用这些流程与业务流程管理的应用相协调。也就是说，价值导向型业务流程管理是这个黑匣子的名称，流程

第一章 价值导向型业务流程管理：现在，你为什么需要它

> 管理的流程是黑匣子里的运作方式的名称。
>
> **"业务流程管理"**这个词，指的是导致价值导向型业务流程管理和流程管理的流程产生的全部发展史。价值导向型业务流程管理和流程管理的流程之中包含着业务流程管理。

举例来说，在人力资源部门，价值导向型业务流程管理的工具包含传统业务流程管理的所有工具和实践。这些工具可以被用来定义流程，也可以在现有的流程库中获取这些定义。被获取的流程可以被比做参考模型，它将度量标准作为工具，并应用流程改进方法加以分析。价值导向型业务流程管理也应用定性分析，确定流程的成熟度，以及这些流程与价值产生之间的关系。企业应用定性分析，决定应该优先改进哪些流程。第四章将会详细介绍企业如何评估流程并绘制路线图。

我们发现，"业务流程管理"这个概念在头脑中遗留的痕迹不利于人们理解这一点。流程管理的流程并不是一种独自运行项目的方式，它是为企业中需要得到重视的流程进行治理、监控、评估以及改进的一种方式。正如每个部门都需要与人力资源进行合作，也应该同掌管流程运作方式的部门合作。BPM"卓越中心"（Center of Excellence, CoE）是否作为一种资源，首席流程官是否掌权（在第四章我们会详细讨论的设想），这些都无足轻重。为了提高业绩，每个人都应该有能力应用流程管理的流程，利用核心专家，这是一种可以提供指导（guidance）和治理（governance）的资源。

为了实现持久影响而建设

应用价值导向型业务流程管理，并不仅仅只是完成一般性的初始步骤——将工具、技术和内容落实到位——这些仅仅是起点而已。价值导向型业务流程管理，也不仅仅是将企业流程库搭建起来。它采用一种新型思维方式，要求员工明确地为流程负责，确保你所利用的资产和的员

工们经常进行行动联系起来。这种新型方式就是我们称为"**以流程为中心**"**的文化**。它不仅仅是在暗中运转的"功能性流程库",也是组织的心脏。

在这种文化中,对于流程如何组织工作方式、分析工作,并协助组织对问题做出反应,员工们通常有一种共同认识。在以流程为中心的文化中,当员工讨论各自的工作时,他们不是只将重点放在自己的任务上,也会讨论这些任务是否会影响流程中的其他人。他们不仅留心自己所在领域的细节,也会重新理解"自身的错误有可能影响其他人"这个事实。他们更倾向于采用消费者导向的思维方式,因为他们清楚地知道,流程会如何影响提供给消费者的全部价值产出。他们知道要严格遵守哪些流程,因为在这些流程中遵守制度非常重要;他们也知道哪些流程定义比较宽松,允许一定程度的自由,这样,这些流程才更具创造力和灵活性。

到目前为止,价值导向型业务流程管理和业务流程管理的实践方式之间的显著差异在于,实践的重点是将行为体制化,以及具有持久性影响。为了确保持久性影响,并且构建一种以流程为中心的文化,第一步就是创建 BPM 卓越中心(CoE),将它作为流程管理的流程负责人,致力于提升其在企业内部的有效应用。正如人力资源部门协助其他部门管理人事以及相关事宜,BPM 卓越中心也会帮助企业中其他部门运行流程管理的流程,以处理流程管理的方方面面。采用价值导向型业务流程管理,并不是一夜之间发生的事情。这种管理规则自身的设计,决定了企业要逐步采用它。在前行的每一步中,价值导向型业务流程管理旨在改进企业的操作流程,以及提高流程管理的流程的成熟度。当一个项目一次性完成两个目标时,我们把这叫作"三角法"(triangulation)——这是第四章中我们将探讨的一个概念。

价值导向型业务流程管理的组成部分

在 BPM 卓越中心内部建立流程管理的流程的所有权,只是确保持续性改革的一小步。对于价值导向型业务流程管理和其他相关的持续进行的实践来说,企业的其他部门也需要做出改变,用来支持这些实践,并且将它作为企业中一种长期运作方式。我们已经采用埃森哲咨询公司发明的"能力蓝图"这个概念,图1-2展示了该概念中业务流程管理能力的蓝图。在应用价值导向型业务流程管理时,企业所需的所有成分都体现在此图中。

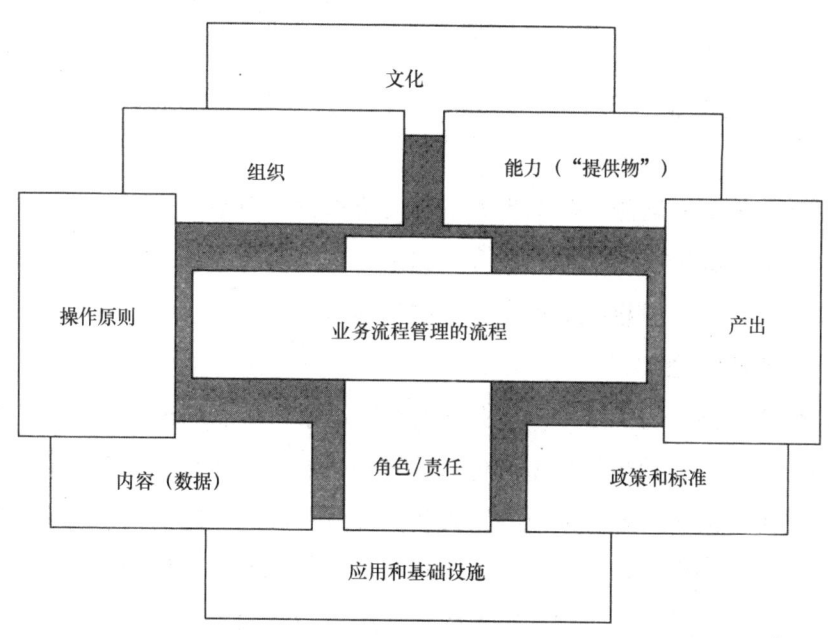

图1-2 业务流程管理能力蓝图

资料来源:Mathias Kirchmer,"The Process of Process Management," *Accenture BPM Publication*,2011.

该图的顶部展示了蓝图中的组织性成分:

组织:包括业务流程管理BPM卓越中心和致力于价值导向型业务流程管理的其他组织部门。生存方式包括集中化、去集中化以及混合。

能力或提供物:价值导向型业务流程管理组织为企业其他部门提供的服务。例如,流程的管理,或者在执行流程改进项目时提供的帮助。

文化：一种以流程为中心的管理思维方式，将重点放在全部流程的思维方式。

图的中心是：

角色或责任：实施流程管理的流程时企业所需要的角色。

流程管理的流程：根据蓝图中的其他部分，实施价值导向型业务流程管理的一系列流程。它将其他部分加以联合，以创造业务价值。

该图的底部，包含应用价值导向型业务流程管理所需的核心基础设施成分：

内容或数据：价值导向型业务流程管理所需信息，如流程模型、价值框架以及信息技术框架。

应用和基础设施：如流程库工具或流程执行引擎。

政策和标准：关于操作、方法和工具、交付、改革、支持、建模、自动化标准、业务框架标准等方面的指导方针。

图的两侧是：

操作原则：与价值导向型业务流程管理紧密关联的组织的价值。在组织中首次实施价值导向型业务流程管理，这些是典型的驱动因素。

产出：流程中的预期业务结果和流程改进成果。这些与第二章"减少或解决典型业务冲突"这一节中描述的价值具有相同的意义。

如果企业最终没有将蓝图中的这些成分结合起来应用，并以此来支持价值导向型业务流程管理，那么失败的风险就会很高。伴随着前进的每一步，企业中以流程为中心的文化将愈加完善，那么蓝图中的所有成分也会在一段时间后联合起来。

在逐渐应用价值导向型业务流程管理的同时，组织也将改进流程，形成并最终采用一种以流程为中心的、具有持久性以及普遍性的文化。**普遍采用**，意味着企业需要改变招聘流程、组织结构、培训、政策、工作角色、文化、辅助技术、应用以及其他业务标准方法，使它们与价值导向型业务流程管理联合。而**持续采用**，则意味着企业将采用一种新型文化思维方式，理解它对组织产生的影响，确保每个人懂得自身的角色和责任，清楚什么是产出，并规定每件事的运行方式。当然，企业也需要将底层基础设施落实到位——内容、数据、工具、应用、政策原则等。为了应用流程管理的流程或其他能力，使组织取得持久性成功，领导团队应该处理以上所有问题。如果业务流程管理不能成为一种生活方式，它就不可能产生持久性的影响。

我们所遇到的许多失败的业务流程管理项目，都是在孤立的状态下完成的。举例来说，企业建立了一个储存库，却从未用过。业务流程管理能力蓝图中的很多成分，实质上都忽略了业务流程管理活动。

现在，你应该清楚我们习惯上提倡的业务流程管理和价值导向型业务流程管理之间的区别了。因为价值导向型业务流程管理是一种管理原则，所以应用它意味着一种以流程为中心的思维方式会逐渐渗透进整个组织。核心业务流程管理组织提倡企业应用并掌控着流程管理的流程，每个人都应该应用并支持它。在第二章中，我们将讨论价值导向型业务流程管理对组织产生的显著影响。

本章注释

1. Peter Franz, Mathias Kirchmer, and Michael Rosemann, "Value-Driven Business Process Management: Which Values Matter for BPM," Accenture and Queensland University of Technology, 2011.
2. Jack Welch and Suzy Welch, *Winning* (New York: Harper Collins, 2005).
3. Accenture analysis.
4. United Nations Population Database, 2010.
5. Ibid.
6. United Nations International Telecommunications Union (ITU), 2009.
7. "Business Process Management," Gartner IT Glossary, accessed August 7, 2011, http://www.gartner.com/technology/it-glossary/business-process-management.jsp.

第二章

价值导向型业务流程管理的影响

任何管理规则都需要接受理论和实践的检验。但是，它们所面对的真正检验却是在实践中，商业领导们如何应用它们，以面对挑战。价值导向型业务流程管理的影响深远，我们可以研究其创造价值的三种具体方式，从而阐述它的巨大潜能。本章中，我们将会讨论价值导向型业务流程管理如何发挥作为一种组织原则的作用；如何将战略加以执行；如何创造透明度——反过来，这种透明度也会减少组织通常被迫做出的"效益背反"。

第二章 价值导向型业务流程管理的影响

作为一种组织原则的价值

作为一种组织原则，价值导向型业务流程管理的秘密武器是它将重点放在价值上，这一点再怎么强调也不足为过。企业在开展改进项目或者采用新方法时，会非常兴奋，以至于不再重视业务成果。与此同时，如果企业并未关注价值，业务流程管理和其他管理规则和实践就会很快偏离轨道。

将价值作为重点，如何应用于实践：在进行分析时，我们首先要了解企业的预期目标。企业的战略是什么？企业如何据此确定业务目标？价值驱动因素是什么？正式回答并解决以上问题，从而为业务评估做准备。

价值导向型业务流程管理采用流程的定量评估（这是第四章中会涉及的一个概念），这种方法由高管进行的调查给予支持，运用定量方法加以严密分析。我们采用定性研究方法来评估流程的成熟度，以及流程改进过程中所得的定性效益。并不是所有的效益都可以被量化，意识到这一点很重要。如果可能，企业可以将本行业和其他行业中的核心流程和其他流程的度量标准作比较。

根据以上评估，流程被归为几类。在特定企业中，某些流程在创造价值时发挥着非常关键的作用，而其他流程只是发挥辅助作用。如果在核心流程中，贵公司的业绩低于行业水平，那么这个流程就是业务改进的主要对象。这些流程代表了实施改进项目后企业中那些具有最大潜在回报的领域。通常来说，关键绩效指标（KPI）反映了企业预期的业务产出。企业应用它，就能够测量业务导向型业务流程管理的项目成果。顺便说一下，流程的度量标准并不是我们关注的重点。

将价值放回到比较型框架中，它代表着：
- 全面质量管理的质量

- 在精益生产中减少浪费（例如，速度的提升）
- 在六西格玛企业管理战略中，为了满足顾客需求，减少可变因素

企业采用这些方法取得成功的项目有很多，这一点人所共知。企业通常会运用这些方法，却从未认识到这些方法原本就属于价值导向型业务流程管理。但是，在考虑了所有情况之后，驱动业务价值会是你所寻求的最重要的流程成果。对公司里各个阶层中的每个人来说，尤其是对CEO以及那些试图做出战略性改革的人来说，将价值作为重点是大势所趋。企业对价值的关注改变了高管人员对业务流程管理以及他们自身工作的看法。企业运用价值导向型业务流程管理，将有限的管理时间用于关注更关键的流程改进领域。作为一种管理规则，价值导向型业务流程管理展示了，在整个组织创造价值的过程中，每个人都能够参与。

将战略加以执行

在企业贯彻执行战略时，将重点放在价值上，会对组织产生深远影响。第一章中，图1-1展示了如何在公司战略、技术和员工的背景下完成"流程管理的流程"的生命周期。

在一个周期性过程中，一个应用价值导向型业务流程管理的项目，首先会使企业更深刻地理解公司的战略、员工以及技术资产；之后，这个项目也引导企业执行一个流程周期，这个周期包括设计、实施、执行、监控和优化，其重心放在知识库上，知识库中是可重复利用的流程描述和其他资产，从而保证了企业对这个流程周期的高效管理。在执行操作的过程中，每个流程和战略之间的关联不再抽象，每个流程的成果都与战略导向的业务目标联系起来。这样，为了实现战略而执行的关键流程也会变得清晰起来。与之相关的流程得到企业的重视，其他不相关的流程，因为它们不能被标准化或外包，所以企业会用预期的最低成本执行它们。价值导向型业务流程管理将战略目标加以转化，在执行时，企业

将人或信息技术作为基础。

因为价值导向业务流程管理包含流程执行中的人与技术等方面，所以流程改进活动具有持续影响，并会成为公司操作过程的一部分。流程管理的流程（PoPM）成为逐步实施的流程，这样你就能够更好地理解业务了。首先确定并执行那些最重要的改进活动，从而为更深刻地理解和进行下一步流程做好准备。

在企业的动乱时期，当战略改变时，明确关联流程与战略型业务目标，将为你提供极大的帮助。在复杂多变的环境中，将战略加以执行的过程非常复杂，而价值导向型业务流程管理帮助企业"清理"了这种复杂性。一种新的战略意味着一种新的业务目标，那些协助企业执行目标的流程会很快成为业务的重点。

在价值导向型业务流程管理的思维中，从未放弃价值与战略。每个人应用流程管理的流程的次数越多，企业越能贯彻执行战略。

创造透明度，减少"效益背反"

价值导向型业务流程管理要想取得成功，有一点至关重要——创造透明度的能力。在执行战略的过程中，随着你逐渐解开流程、人和技术的谜题，公司经常面临着"效益背反"，难以决策：

- 为了优化流程，企业应该花费多少？
- 在不对质量做出妥协的同时，如何使业务流程更有效率，并且降低成本？
- 如何在不违反"遵从法规"的前提下迅速提升企业能力，并适应新状况？
- 如何创立一个紧密协作的公司，与此同时，用更开放的态度对待不合作伙伴？

我们与昆士兰科技大学（QUT）、宾夕法尼亚大学的组织动态中心联合进行调查研究，试图了解价值导向型业务流程管理如何为企业创造价值。昆士兰科技大学位于澳大利亚布里斯班，在业务流程管理应用研究领域，它是世界上规模最大的学术机构之一。宾夕法尼亚大学位于费城，在持续变化的全球环境中，这个机构为职业经理人们提供知识、技术和框架，为组织和群体提供帮助。

在我们的研究中，分析了业务流程管理在某些行业中的应用方式以及所取得的效益。由埃森哲咨询公司和昆士兰科技大学联合进行调查，在其所发布的初步调查报告中，核心成果为价值框架，如图2-1所示。

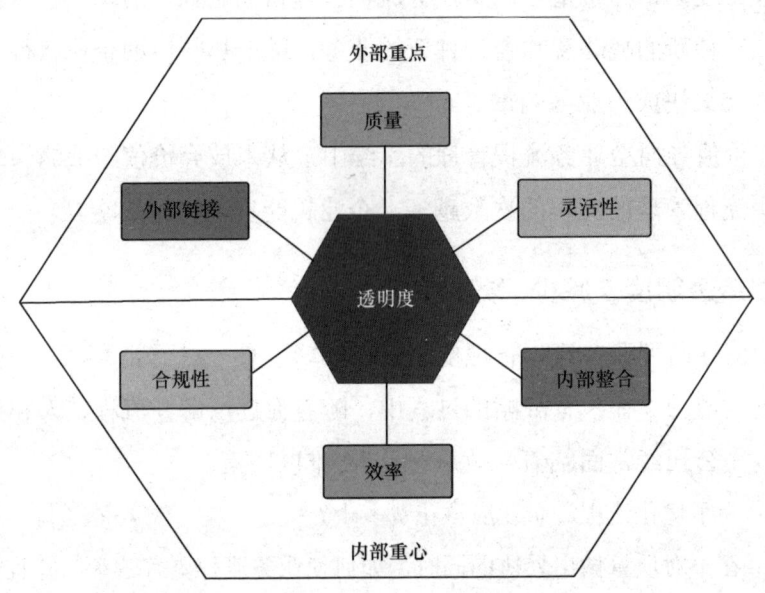

图2-1　价值导向型业务流程管理的价值框架

价值导向型业务流程管理的核心效益，并且具有普遍性的效益，就是透明度。只有组织成员对所有流程具有共识，他们才能够想出设计流程及运行流程的最佳方式。通过增加透明度，价值导向型业务流程管理在企业的实践中减少了"效益背反"的状况。企业能够清楚地看到人、流程、技术之间的关系，从而更好地优化流程。[1]

减少或解决经典的业务冲突

我们普遍认为，业务流程管理具有一种缓和的力量。在调查中，我们已经确定了几种减少业务中存在的"效益背反"的力量。如果一种业务流程管理能力得到良好执行，那么它会具有显著优势，缓和那些看似冲突的目标，同时取得成果。

在我们的研究中，确定了三对看似对立的价值。通常情况下，组织被迫在两者中达到平衡：

- **效率/质量**：将重点放在精简型的、高产量的操作 VS 专注于以顾客为中心的、质量导向型战略。
- **合规性/灵活性**：要求流程具有高度适应性和灵活性 VS 更需要保证在执行流程时企业具有可预见性，并遵守标准和规则。
- **内部整合/外部链接**：在流程设计过程中，重点将员工联合起来 VS 与外部合作伙伴和资源的交流。

你会注意到，在每一个"值对"中，一个具有内部重点，另一个具有外部重点。

缓和"质量/效率"这一对矛盾

哈佛商学院教授迈克尔·波特和其他人的研究显示，成本与质量通常被认为是对立的战略选择。[2] 但是，随着时间的推移，这两者的关系得到改善。而且，业务流程管理具有这样的潜力，进一步优化两者的关系。

如果一个组织致力于实现效率，它会减少流程中的冗余和返工现象，从而改进业务流程。这种价值驱动因素是许多业务流程管理举措的核心。除此之外，在全球经济危机中，它会"登上巅峰"，变为一种经济动力。许多组织采用流程改进方法，以保证效率。例如，精益生产，其重点就是减少各种成本浪费。

例如，澳大利亚一家提供共享服务的公司，首次开展了一个业务流程管理项目，其目标是，在四年后，将营运费用减少4 000万澳元。每个流程的再设计项目都宣称，自己具有节省成本的潜能。这个组织部署了作业成本法，并根据运营成本量化每个流程模型，这样就保证了企业的透明度。

在许多情况下，外部股东看不见企业内部效率的提高，除非效率改进以降价的形式出现。如果业务流程管理项目寻求"用更少的成本，做相同的事"，那么我们可以认为，这些项目的重点在内部。

一种将效率作为重点的业务流程管理目标，具有以下特点：

- 在流程分析和设计过程中，非常重视货币。
- 根据业务价值分数（不一定是货币），进行流程排序。
- 获得详细的流程业绩数据（包括流程时间、资源消耗以及采购成本）。
- 作业成本法的部署。
- 确定成本/复杂性的驱动因素，并建立模型。
- 详细记录与"流程管理的流程"相关的成本。

澳大利亚的大型机构性投资管理组织之一——昆士兰投资公司（QIC），将流程改进作为一种金融投资机会。这家公司根据多维度的战略相关性，包括自身的金融机会，为流程计算所谓的业务价值分数。这是一个将流程与价值产出相关联的例子。

与之对比，将重点放在质量上，反而更多地反映了外部重点。客户接受企业流程提供的产品和服务。因此，"质量"作为一种业务流程管理价值，应该由客户来定义。对质量的这种定义，远远超过了狭义的（类似工程）的产品、服务以及目录的范畴。举例来说，交付所用的时间（投入市场，下订单）。因此，质量是一种核心价值，它将客户观念融入业务流程分析和设计过程中。那些将客户导向型质量作为关键价值的组织，会：

- 将重点放在衡量和控制流程业绩问题及其根本原因上。
- 将质量度量标准，例如消费者满意度，放入流程中。
- 运用与六西格玛企业管理战略和全面质量管理相关的方法。
- 深刻理解流程质量和产品/服务质量之间的相互关系。
- 确定可见性，或者对客户公开可见的流程范围。
- 在"流程管理的流程"中，使外部股东参与其中。

我们的研究显示，尤其是末项——在业务流程建模、分析以及改进过程中，外部股东的积极参与——仍然处于发展初期。

在描述流程时，大部分组织还只是采用作为提供者的组织视角，并未充分考虑过外部消费者如何看待和评价这些流程。有些组织，在看似肤浅的语言上做出改变，却在实际上缓和了传统上对立的价值观。

外部指标和利益相关者整合的例子，包括以下情景：

- 一家银行曾采用"执行抵押流程"的概念，随后，它将概念改为"通过端对端的购房流程，帮助消费者"。
- 一家退休金服务的提供商，将重点由"操作业务流程"转为"决定所能提供的服务"，并将这个重点作为澳大利亚退休流程的一部分。
- 一家保险公司分析并重新设计了保险理赔流程，只为了提升客户满意度。在其他改革中，新流程从客户事件入手（比如意外），而不是从第一内部事件入手（比如收到客户电话）。在这种新型的保险理赔流程中，这家公司将客户满意度作为最重要的质量度量标准。

缓和"合规性/灵活性"这一对矛盾

企业增加透明度，从而减少了合规性和灵活性之间的"效益背反"，因为企业可以更迅速地确定流程——增加灵活性——也可以更迅速地记录和复制——增加合规性。

举例来说，医疗服务提供商必须严格遵守法规。应用"流程管理的流程"，企业可以设计和监控那些具备合规性的流程。如果规则发生变化，医疗服务提供商会采用一种精确、即时的观念，保证流程的合规性，迅速评估流程所需要做出的改变。"流程管理的流程"为企业提供了透明度。在设计新型、具备合规性的流程时，企业可以依靠这种透明度，设立一个明确、简单的"出发点"，从而成为灵活性的基础。如果医疗服务提供商想到一种新战略，这种透明度也能够改变流程，用来执行战略，保持流程的合规性。

在投资银行领域，也存在着相同的挑战。投行必须决定哪些流程需要精确定义和监控，从而确保流程的合规性；以及在执行时，哪些流程需要较大程度的自由度，以确保企业能够适应市场状况和交叉销售机会。

缓和"内部整合/外部链接"这一对矛盾

组织倾向于要么将重心放在内部资源，要么放在外部资源。然而，和驱动效率的因素不同，内部整合/外部链接这组价值驱动因素，尤其强调流程设计对内部和外部资源的影响。这组对比主要解决以下问题，"员工们如何看待这些流程？""我们采用的流程对环境有影响，外界对此有什么看法？"

内部整合应该捕捉到——对于如今的流程设计或预期的流程设计，员工们可能出现的反应。这包括的问题如，"这个流程是否会使职位描述得到'奖赏'？""员工们是否正在接受这种新型流程设计？"以及"流程度量标准是否会导致预期的员工行为？"

先进的流程存储库具备这种内部整合视角的功能性，因此，企业能够根据流程的作用，在复杂的流程局面中"自由航行"。这样，员工们只能看到他们需要看到的那些流程。

第二章 价值导向型业务流程管理的影响

例如，在一个州政府部门的案例中，为了创建一种创新型流程，并鼓励大学毕业生加入，这个组织启动了一个业务流程管理的初步项目。在另一个案例中，一个共享服务提供商首次将员工放入业务流程管理的初步项目之中。高级主管希望确保员工们能够参照一系列简单但又够用的流程文档，用来指导他们的日常工作。

将内部整合的价值作为重点，你需要：

- 在流程设计的过程中，使员工们密切参与这个流程，以保证他们的接受度。
- 获得度量标准，如员工对业务流程的满意度。
- 流程模型、操作程序以及职位描述之间紧密联合。
- 采用一种去中心化的、自底而上的方法，以实现流程改进。

相比之下，重视外部交流网络的商业组织，将流程视为资产——这项资产涉及外部的合作伙伴和资源。这样的案例包括最近企业进行的"绿色"流程的行动。对业务流程的"碳足迹评估"（carbon footprint assessment），正反映了这一价值。另一种计算业务流程的环境影响的方式，是基于活动的排放（activity-based emission，ABE）控制。与基于活动的成本核算相似，"基于活动的排放"评估了流程消耗资源和相关排放量的程度。

举例来说，一个中等规模的公共事业公司进行探索，运用业务流程管理，从组织间的供应链流程中采集与排放相关的数据。它也根据建模标准和流程分析方法，例如六西格玛企业管理战略，设计了相关拓展流程，协助了解这些流程对环境的影响。

业务流程管理的方法论，需要对业务流程中所用资源的碳排放进行测量。在流程设计的活动中，客户、供应商以及业务的其他附属成分，也包含在外部的网络链接中。企业应该详细地综合以上因素，确保积极的协同作用以及可持续的合作伙伴关系。

在业务流程管理中，社交网络技术的整合也暗示着外部网络链接会继续成为一种重要价值，进一步完善业务流程管理，同时，企业采用包括领英（Linkedin）或推特（Twitter）在内的交流方式，这确保组织能够辨别外部的相关资源；在业务流程的执行过程中，如果外部股东的地位发生改变，企业也能够迅速通知他们。

外部链接，作为一种驱动业务流程管理的价值，要求组织能做到如下几点：

- 能辨别在业务流程中，外部合作伙伴和外部资源所能真正发挥的作用。
- 在流程中，我们传统上会将时间、成本和质量作为重点。除此之外，又补充了环境影响（与之相关的流程）。
- 探索社交技术的优势和机遇，从而吸引企业外部的股东和资源。

昆士兰科技大学/埃森哲咨询公司的研究表明，通过降低企业中所有"效益背反"的影响，价值导向型业务流程管理可以取得多方面的胜利。换句话说，价值导向型业务流程管理具有"**同时**"的力量。关于你的企业如何运行以及如何将战略加以执行，如果你的企业"**同时**"保证以上两者的透明度，那么"**同时**"保证质量和效率、合规性和灵活性、内部整合和外部链接，也有可能在组织中实现。我们将"**同时**"这种力量，作为价值导向型业务流程管理的缓和力量。

开启你通往业务导向型业务流程管理之旅

正如我们在第一章所讨论的，在通用电气总公司下属的所有企业中，杰克·韦尔奇应用六西格玛企业管理战略，用以系统地改进业绩，减少效率低下的现象。他向公司宣称："采用这种方法，来完成你们的工作。"但是在实际中，当公司快速发展以支持这种管理方法时，也只是在项目对项目的基础上应用它。这正是应用"价值导向型业务流程管理"的方式。有些人宣称，这是一种有希望的方法，并支持它的应用。

第二章 价值导向型业务流程管理的影响

然后在每个项目中，企业应用"流程管理的流程"，不仅操作流程得到了改进，企业执行"流程管理的流程"的组织技巧和成熟度也得到了提升。（注意：对于一些组织来说，采用自上而下的方法是可行的，它们可以首先发展一种应用广泛的组织能力，随后在组织中进行系统性的推广。但是，这样的组织不在我们的经验之内。）

因此，如果你的公司正致力于应用价值导向型业务流程管理、逐步执行流程管理的流程以及建立组织能力，那么留心"业务流程管理"能够提供最大价值的业务项目是很明智的选择。我们将这些项目叫做价值导向型业务流程管理应用过程中的"触发点"。通过与客户的直接会面，我们观察到这个领域中最常见的一些触发点。[3] 图 2-2 展示了一些例子。

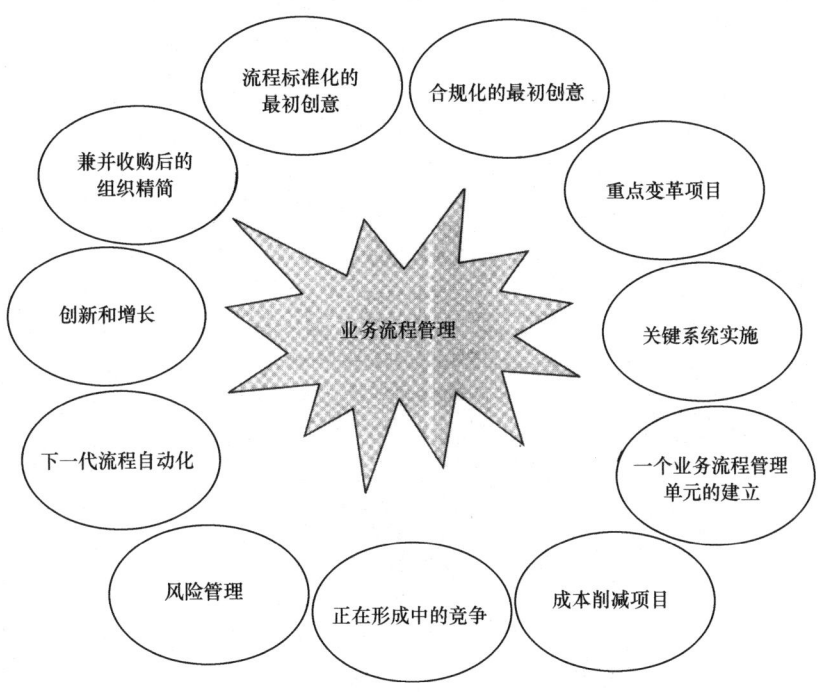

图 2-2　价值导向型业务流程管理触发点的案例

这个列表并不算详细,但它提供了企业在首次应用价值导向型业务流程管理时所开展的一些项目案例。在第三章,我们会深入分析"流程管理的流程",并看一下在你的组织开始价值导向型业务流程管理之旅时,这些触发点如何成为你旅途的起点。

本章注释

1. Peter Franz, Mathias Kirchmer, and Michael Rosemann, "Value-Driven Business Process Management: Which Values Matter for BPM," Accenture and Queensland University of Technology, 2011.
2. Michael E. Porter, *Competitive Strategy: Techniques for Analyzing Industries and Competitors* (New York: Free Press, 1998).
3. Mathias Kirchmer, "Competitive Advantage in an Era of Change: 11 Typical Business Situations Where Business Process Management Delivers Value," Accenture, 2011.

第三章

流程管理的流程

　　为了改变流程的运行和改进方式，从而使组织脱颖而出，你该怎样做才好呢？根据我们的经验，为组织实施流程改进的过程创建一个流程，才是最好的解决方法。我们知道，"流程改进的流程"可能听起来有些像"价值的价值"或者"流程的流程"。但是，请你耐心等待，因为"流程改进的流程"比你想象中还要令人信服。本章中，我们将阐述：你该怎样做才能培养多种持久的业务流程管理能力，用于确保推进改进流程的工作，并使之能够在组织内得到广泛应用。

过去，企业经常把业务流程管理看做一种一次性的改革或改进项目。但是，如今的商业环境日新月异，企业需要一种持久性的管理规则用来调整并改进流程。价值导向型业务流程管理就是这种规则，企业要想实施这种规则，只有应用"流程管理的流程"（PoPM）。从前，项目导向型的活动可以为企业带来暂时性的成果。而这种流程管理的构建原则形成了一种持久性的能力，这种能力保证企业适应商业环境的变化，并持续改进或改革流程。

在创建新流程以及改进现有流程时，你的企业需要保存已有的胜利果实。企业已经很好地了解了流程的相对价值，多年来，许多流程改进方法——比如精益生产、六西格玛企业战略管理以及全面质量管理——已经成功地应用于实践。但是，总体来说，流程改进方法只解决了企业管理大局中策略层面的问题。更重要的是，这些方法只是自下而上地应用于企业之中，只能覆盖特定范围的流程——举例来说，它们并不考虑结构性变革或技术改进。由此带来的后果是，那些本应该"内置"在流程改进成功中的更大规模的结构性变革却不被支持。然而，这些方法"干净利落"，如同"外科手术"般精准的吸引力导致了集团公司们"迷恋"改进方法的"怎么做"——却将这些方法更本质的"是什么"和"为什么"遗忘得一干二净。它们根本做不到"总览全局"，因而，这些改进也无法持久。

本章的内容主要围绕我们的核心论点：运用业务流程管理，将价值引入组织之中，这本身就是一种流程。流程管理的流程描述了价值导向型业务流程管理的实施方式。正因为如此，企业应该定义、实施、执行并控制这个流程，就像处理其他业务流程一样。

本章研究了：你需要开展流程管理的流程的原因，在目前的企业中实现业务流程管理的价值和成效。在以下的案例中，我们展示了不同的企业如何开展"流程管理的流程"并取得成功；同时，我们也阐述了各种典型处境和可能性。我们将提出一种参考模型，以展示流程管理的流程的所有"活动部分"。

根据这个参考模型，我们将描述，在产生和维持企业价值时，流程管理的流程的各种组成部分起关键作用的方式和原因。本章还总结了对流程管理的流程取得成功至关重要的一些因素。

流程管理的流程是什么

随着许多企业获得了成功，它们也越来越对价值导向型业务流程管理表示出欣赏。而在自己的组织中建立一种"流程管理的流程"，是执行这种管理规则的最为关键的核心步骤。因为企业需要系统化地组织，并积极管理这种流程——就像处理其他流程一样，所以，为了实施业务流程管理，企业运用一种流程，系统化地定义并推出了一种业务流程管理能力，并实时管理这个流程。

只有在组织致力于采用这种以流程为中心的"管理哲学"时，流程管理的流程才具有意义。为了将流程管理的流程应用于企业之中，它们已经得出结论：定义、记录以及优化流程才是成功的基础。一旦企业对这种观念表示认同，接下来的问题就是如何应用"流程管理的流程"。如果我们了解一家公司具体的战略和运营状况，那么在回答上述问题时，流程管理的流程会提供很大帮助。

截至目前，一切顺利。那么现在，让我们来进行更深入一些的思考吧。流程管理的流程本身就是一种流程。按照定义来说，流程提供了价值成果。因为企业中的流程更加透明，企业可以针对性地优化某些流程，并明确地将其与战略加以结合，那么流程管理的流程提供的价值就是战略性的。企业也可以有策略地应用流程管理的流程，改进那些曾经用来运行单个部门的流程。换句话说，流程管理的流程在两个层面起作用：它改进了特定的操作流程，**同时**也提高了你理解、优先处理以及管理流程的能力。

在建立流程管理的流程方面，我们研发了一种能够应用于所有行业和企业的参考模型。[1] 在这个参考模型中，既包括与业务流程管理相关的基本性活动，也包括实现企业价值的子流程。在本章稍后，我们将会更

35

详细地讨论子流程。接下来，让我们首先了解一下这个流程的主要领域。

如图 3-1 所示，流程管理的流程包括五个主要流程领域：

- 业务流程管理的操作。
- 业务流程管理的方法和工具。
- 业务流程管理的交付。
- 业务流程管理的变革。
- 业务流程管理的支持体系。

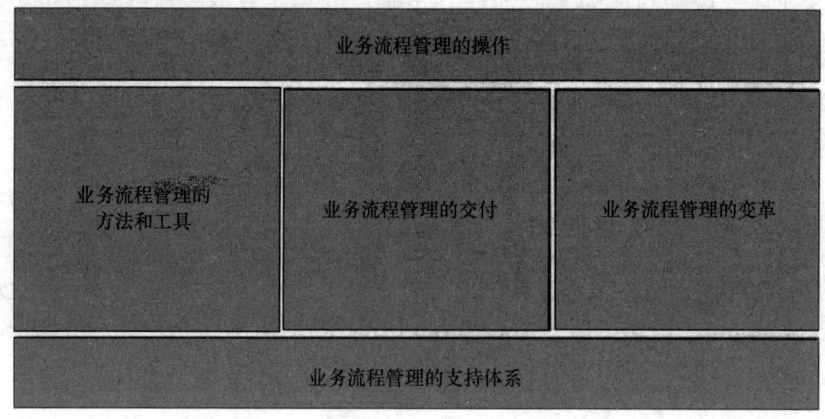

图 3-1　埃森哲公司为"流程管理的流程"设计的流程参考模型（基础版本）

接下来，我们所做的总结中阐述了这种参考模型的广度和深度。

业务流程管理的操作反映了一种高水平的管理流程，这种流程与战略管理或企业业绩管理类似。业务流程管理操作的视角，就是组织的领导人采用的视角。价值导向型业务流程管理是实施业务改进的系统性方法。与其他方法相比，此方法颇具有新奇之处，而业务流程管理操作的流程正是关键所在。业务流程管理的操作是"流程中心指挥"，它确定业务流程的整体方向，将重点放在优先处理的流程上，并管理那些促成变革的因素。

在业务流程管理的操作背后，流程能力的三座"勤务塔"通过应用功能性工具和基础设施来实施流程变革。最后一个领域，即业务流程管理的支持，包括维持组织运行的共享服务。

过去人们认为属于业务流程的部分，如今大部分也属于**业务流程管理的方法和工具**。这些方法和工具包括流程存储库、建模工具、六西格玛企业战略管理、精益生产、全面质量管理以及其他改进方法的应用。读者应该注意到，过去企业在讨论业务流程管理时，这些方法和工具的地位非常重要，而如今，业务流程管理的方法和工具只是价值导向型业务流程管理的一部分。

业务流程管理的交付，包括业务流程管理中的其余部分，即流程战略、分析、设计、实施、执行和监控的交付方式。在价值导向型业务流程管理中，企业应用业务流程管理的交付时，考虑更加周全，将战略、操作的成熟度以及"流程管理的流程"的成熟度考虑在内。

业务流程管理的变革，包括文化方面的变革管理以及项目管理方法。企业需要应用它，进行持续性变革。这座服务塔中所包含的业务流程管理群体，指的是由 BPM 卓越中心创立的、并扩展到组织其他部门的实践群体。

业务流程管理的支持体系指的是，为了支持企业实施流程管理的流程，企业的其他部门发挥作用的方式。为了使流程管理的流程取得成功，财务部门、人力资源部门、信息服务部门以及其他部门都应该参与其中，并做出相应的调整。

为什么你需要一种流程管理的流程

在组织内建立一种流程管理的流程，这将如何驱动提升价值呢？从表面上看，它可能和其他流程改进方法并无不同。但是，正如第一章所描述的，价值导向型业务流程管理是一种管理规则，它的成功取决于建立一种流程管理的流程。是否有一种更简单的方法？是否有另一种方法？从我们与上百个客户的会面经验来看，还未找到另外一种同样有效的方法。

　　正如我们之前所讨论的,你可以认为价值导向型业务流程管理和其他管理规则一样,应用于企业的各个部门,如人力资源部门。人力资源部门的思维方式渗透进每个部门,其实践也应用于每个部门,因为每个部门都有"人"。人力资源部门采用的方法,如业绩评估,根据企业规定的人力资源流程在每个部门加以执行。同样地,每个部门都有自己的流程。这些流程需要最高级别的领导力,以及可供培育及开发的资产,如人(员工)和信息技术(硬件和软件)。正如人力资源为整个组织提供人事管理服务一样,价值导向型业务流程管理和流程管理的流程采用同样的方式,使整个组织应用业务流程管理的服务。

为什么需要引入一种流程管理的流程,才能使价值导向型业务流程管理"成为现实"?

- 为了使管理层关注最关键的流程领域。
- 为了使流程改进计划与战略性的优先处理流程相一致。
- 为了能够迅速应对商业变革和相应的流程要求。
- 为了决定企业在何时逐步改进流程,何时执行更重大的变革。
- 为了将流程管理作为组织整体的一部分。
- 为了提升流程改进的速度,使企业更加确信这些改进的正确性。
- 为了将组织中某一部门的成功"移植"到另一部门。
- 为了定义角色和责任,并发展相应的技术。
- 为了在应用业务流程管理的方法和工具时专注于价值创造。
- 为了确保流程方法是持续性的解决方法。
- 为了重复取得业务流程管理的成功。
- 为了维持业务流程管理的活动。
- 为了清楚地交流:组织从业务流程管理中得到了什么,以及员工们在何时寻求业务流程管理的支持才有意义。

第三章 流程管理的流程

流程管理的流程的参考模型

根据埃森哲咨询公司的流程参考模型,企业能够定义、实施和维持一种流程管理的流程。图 3-1 展示了这个模型的基本版本,图 3-2 展示了这个模型的子流程。

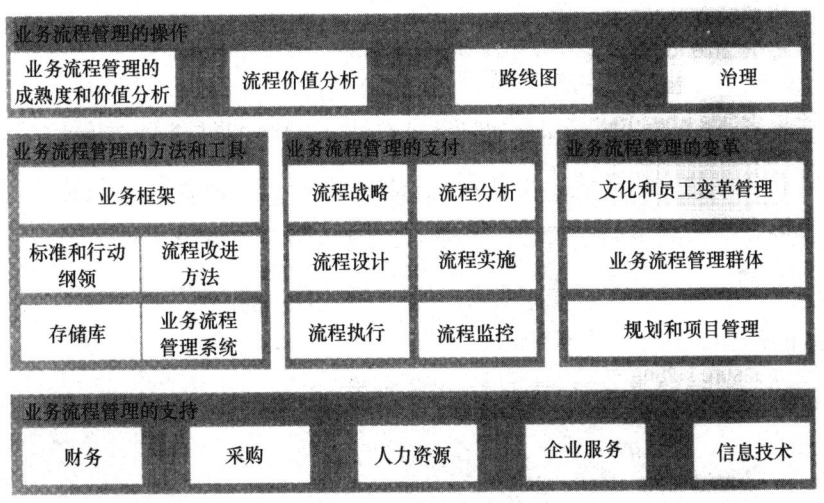

图 3-2 埃森哲为"流程管理的流程"设计的流程参考模型(完整版本)

这个参考模型为企业提供了一种跨行业的基本流程描述。你可以轻易调整这个流程管理的流程,应用于具体的组织之中。这个参考模型包括那些与业务流程管理相关的活动和子流程。当你将这两者结合时,它们就提供给企业一种明确的价值。我们认为,每个子流程都是通往价值导向型业务流程管理的操作模型的进入点。记住,企业不可能对这个参考模型的每一部分都予以实施。企业的正确做法是,寻找那些对本企业起作用的部分,创建一种有效的流程管理的流程,从而满足组织的需要。通常情况下,企业要付诸一些实践,取得成功之后再实施更多实践。这样,你才能逐步完成流程管理的流程的"宏伟蓝图"。换句话来说,不要被参考模型的广度和深度吓倒。

下面，我们将更详细地讲述这五个主要流程领域及它们的子流程。

业务流程管理的操作

如果你想要成功地实施价值导向型业务流程管理，那么业务流程管理的操作是打下良好基础的关键。它是价值导向型业务流程管理的"大脑"，或者说是"大脑皮层"。

在业务流程管理的操作过程中，从业者分析企业现有的流程，优先处理需要改进的流程。同时，为了实施以上这些改进绘制一张路线图，并确立公司员工的角色、责任和职责的治理形式，确保员工负责操作和业务流程管理的正常运行——完成以上这些事。实际上，业务流程管理的操作通常是业务流程管理之旅的出发点，包含了BPM卓越中心最初开展的活动。

业务流程管理的操作可以回答的问题：

- 现在，哪些流程能提供最大价值？
- 我们应该优先考虑改进哪些流程？
- 哪些是高影响力、低成熟度的流程？
- 在价值导向型业务流程管理的建立和维护过程中，应该由谁主导？
- 为了进一步培养持续性的业务流程管理能力，我们正在做些什么？
- 哪些流程需要"局部式治理"，哪些流程需要集中管理？
- 对每一种提议的流程改进来说，其业务案例是什么？
- 我们企业现在拥有哪些业务流程管理能力，我们需要建立哪些新能力？

业务流程管理的操作包括四种子流程。企业时时刻刻将重点放在价值导向型业务流程管理上，而这些子流程提供了一种"应用背景"：业务流程管理的成熟度和价值分析、流程价值分析、路线图的形成以及治理方式。

业务流程管理的成熟度和价值分析

应用业务流程管理的成熟度和价值分析这两种流程，从业者能够了解企业中现有的业务流程管理能力的优势和成熟度。例如，分析、设计和测量各种流程的能力，定义关键绩效指标的能力，明确各个流程责任人的能力以及其他类似的能力。

> **业务流程管理的成熟度和价值分析可以回答的问题：**
> - 为了完成目标，我们需要哪几种能力？
> - 在业务流程管理能力中，最大的缺陷在哪里？
> - 我们如何进一步培养业务流程管理的能力？

为了实施分析，依据第一章中描述的业务流程管理的能力蓝图（如图1-2所示），从业者首先进行了一种成熟度分析。为了完成企业的目标，你可以评估企业现有的业务流程管理能力——这些能力的成熟度以及可以在哪些方面进行改进——或者培养其他能力。

此外，市场上现存的几种能力评估模型，有些来自对象管理组织（OMG），行业分析者以及学术机构，如澳大利亚和布里斯班城市的昆士兰科技大学。埃森哲咨询公司合并了几种模型，并结合自身经验，建立了一种基于业务流程管理能力蓝图的参考模型。

在规定了企业的业务流程管理能力之后，现在，你需要清楚地知道企业所追求的产出。不这样做，你就会对企业的下一步感到迷茫。正如一位首席信息官告诉我们的那样："这种感觉，就像是人们盛装打扮起来，却压根儿不知道派对在哪里。"这就是我们进行流程价值分析的原因。

流程价值分析

根据操作型业务流程对战略目标的影响以及与其他相似企业的流程相比较,流程的成熟度即流程价值分析的重点是对更多的操作型业务流程进行分类。有些流程虽然相对来说有些不太成熟,却对业务战略影响显著,那么这些流程就是最有希望进行改进的"候选流程"。在第四章中,我们将探讨改进流程的一种系统性方法。就像业务流程管理的成熟度和价值分析一样,随着流程不可避免地实现成熟、进行改进,企业应该在常规基础上重复应用流程价值分析。过一段时间之后,根据改进成果的类型,流程价值分析也会将流程分为以下几类。

流程价值分析可以回答的问题

- 如今,为了处理组织战略上需要优先解决的问题,哪些流程最重要?
- 一些竞争企业可能应用相似的流程,与它们相比,我们所在组织流程的相对成熟度是多少?
- 哪些流程在改进后对企业的影响最大?
- 我们可以从其他行业的相似流程中学到什么?
- 哪些流程从干涉活动中获益最多?
- 我们打算改进一些流程,根据改进的类型,我们如何将它们分类?

绘制一张通向价值导向型业务流程管理的路线图

你绘制了一张路线图,用来确定企业将培养哪些业务流程管理能力,以及哪些流程会从改进的能力中获益。从业者为路线图上的每一个环节都配合了一个高级业务实践案例,这样,企业投资所获得的回报就会变得清晰明了。这幅路线图将流程价值分析和业务流程管理的成熟度和价值分析统一起来。它开始利用时间轴、可交付成果和责任方这三个方面,对企业的战略进行描述。过一段时间之后,从业者调整这张路线图,从而解决那些新出现的、需要优先解决的问题以及具有战略价值的新流程。

创建路线图非常关键，因为它帮助你决定将业务流程管理应用于何处才能产生最大价值。我们将在第四章详细描述这张路线图的产生过程。

价值导向型业务流程管理的路线图可以回答的问题：

- 哪些规定的流程干涉活动具有最高优先权？
- 为了进一步增强业务流程管理的能力，我们如何进行干涉？
- 干涉活动的成本和收益分别是什么？
- 我们如何才能将这些干涉活动进行分组，使之成为一种最完美的变革规划？
- 我们需要改进哪些流程，采用何种顺序？
- 这些改进活动应该由谁来负责？
- 这些改进活动中的里程碑、业绩指标和可交付成果分别是什么？
- 高级业务实践案例是什么？

一家保险公司的首席信息官听闻了业务流程管理的力量，他的期望是确保企业中进行的业务流程管理的初步行动是可持续的。首席信息官任命了一位副总裁，他们决定应用埃森哲咨询公司的业务流程管理能力蓝图和流程管理的流程，将这两者作为企业的框架。他们开发了一张系统化的路线图，借此不仅能取得即时收益，还可建立持久性能力。他们按照这幅路线图，在企业中按部就班地逐步执行，并且每年都会对这幅路线图做出修改。运用流程管理的流程，这家保险公司能够经年获得收益，它坚定地按照该路线图的指示来执行企业的下一步行动。

业务流程管理的治理方式

运用业务流程管理的治理方式，能够帮助你的组织在按照路线图执行时尽可能地做到有效且高效。这些治理方式定义了商业和信息技术领域业务流程管理中成员的角色、责任以及职责。对于你正在检验的流程来说，它决定了区域或全球集中控制哪种组合更有意义。上述组合能够完美协调地合作，对于业务流程的流程管理能够成功实施起着非常关键的作用。从某种程度上来说，这是业务流程管理的操作中最关键的一部分——实施正确的治理方式。这样，企业才可以保证流程中所有运转起来的部门和员工的正常工作。

> **业务流程管理的治理方式可以回答的问题**
> - 为了确保流程平稳地应用于实践，谁应该为此负责呢？
> - 根据流程管理的流程，你应该如何定义角色和责任？
> - 企业怎样决策，谁做出决策？
> - 我们如何安排企业的决策过程和角色？
> - 为了保持流程高效运转，业务线如何与信息技术以及其他服务支持相互作用？
> - 为了保证流程的效率，为企业提供实际价值，企业中各种关系和责任的理想组合是什么样子的？

即使表面上组织正在竭尽所能地记录流程，并将责任分配给业务流程管理，业务流程管理的治理方式依旧可以揭露流程安排中效率低下的状况。

这里有一个案例：最近，一家保险公司试图在组织中实施一种高水平的流程管理。它有23个端对端的关键流程，每个流程都拥有一个流程负责人以及一个流程工作团队。这个工作团队的代表来自各个部门，他们每月开一次会，致力于流程建模。这听起来很完美——但实际上，这种方法过于"野心勃勃"，已经失去了重点，因而不会取得太大成就。为了绘制一张路线图，将业务流程管理的治理方式应用于此，要求企业选择四五个需要这种重视程度的流程，而对其余流程采取相对轻松的模式。

在另一个案例中，一家大型金融机构决定运用一种灵活的流程执行引擎，更加迅速有效地处理流程的要求。然而，单纯地运用技术，企业并不能实现这一业务目标。为了从流程执行系统中获得预期价值，这家公司需要仔细地为各个流程建立模型。该公司启用了一个治理组织，并明确：谁能够改进一种自动化流程，需要谁来批准这些改进，谁能够来实施这些改进——确保流程自动化不对其他流程产生计划之外的业务干扰，同时实现预期的效率，以上所有问题都非常关键。

业务流程管理的方法和工具

业务流程管理方法和工具是价值导向型业务流程管理的战略，它包括改进的实际实施方式。业务流程管理的方法和工具帮助企业建立了一种成功流程管理的基础设施。企业应用这些方法和工具，保证业务流程管理能够提供一个流程框架，它包含组织执行流程的所有信息以及相关信息，如组织结构和信息框架。这幅通向价值导向型业务流程管理的路线图是在业务流程管理的操作过程中研发出来的，它提供了组合运用方法和工具的指导方针，从而为组织创造最大价值。

业务流程管理的方法和工具可以回答的问题：

- 我们应该在哪里存储流程信息，如何存储流程信息，从而使从业者轻松地获得、应用以及再次应用这些信息？
- 为了让流程得以实施，哪些软件平台最为合适？
- 我们应该怎样采用一种具体流程，或者运用新流程，以满足特定消费者的需求？
- 我们可以应用哪些流程改进方法，要如何做？
- 在执行业务流程管理项目时，我们应该遵循哪些标准和指导方针？

对企业来说，这个部分发挥着非常重要的作用，因为很多组织都是在获取软件工具之后才开始执行业务流程管理的初步项目。但是，企业在应用这些工具时却缺乏一种健全有效的程序。相对来说建立模型，是比较容易的。建立模型，你才可以将它们与真正的价值产出联系起来。这个过程非常具有挑战性，但它却是成功的关键。

举例来说，一家消费品公司最近创建了一个规模很大的流程存储库，它存储着几乎所有流程的理想化版本。但是，这个存储库太过复杂，其中的流程与现实差距非常大，以至于企业从来没有应用过它。业务流程管理的方法和工具正是为了避免组织落入这样的陷阱，因为它将建立模型和系统活动与价值产出相关联——换句话说，现实"触手可及"。

业务框架

业务框架包含了以下内容：组织执行的流程，包括相关领域，如组织结构和软件框架。业务框架提供了一种透明度，确保企业做出快速决策——例如，如何应用具体流程或者引进一种新流程，用来满足特定消费者的需求——以及加以执行。

> **业务框架可以回答的问题：**
> - 我们的流程是什么？它们是如何构架起来的？
> - 这些流程是在哪里得以执行的？
> - 这些流程如何与技术平台对接？
> - 流程的关键绩效指标是什么？
> - 我们在各个流程中分别采用哪种应用？
> - 我们在企业的哪个部门应用和监控主数据？
> - 谁为执行流程负责？

业务流程管理的标准和行动纲领

业务流程管理的标准和行动纲领是指与流程管理的流程的各个部分相关的指令和步骤，包括应用存储库、设置业务框架或者决定流程改进的标准和指导方针。业务流程管理的标准和行动纲领中包括了建模手册和程序，其中规定了企业如何应对流程模型和演示标准的变化，以及业务流程管理支持所要求的步骤。运用业务流程管理的标准和行动纲领，从业者能够选择供应商、参考模型，并为实施流程管理的流程选择外包合作伙伴。

业务流程管理标准和行动纲领可以回答的问题：

- 我们应该采用哪一种流程参考模型？
- 我们的建模标准是什么？
- 在改变自动化程序时，我们应该如何做？
- 哪些供应商能够制造产品，用来辅助我们的业务流程管理能力和流程改进活动？
- 借助第三方管理服务，我们可以执行流程管理的流程的哪些方面？

业务流程管理的存储库

企业中的流程资产构成了业务框架，为了更轻松地管理和应用它，企业将它放入存储库中。存储库需要积极主动地进行管理，保证处于最新状态，才能为企业提供帮助。在第八章中，我们会详细介绍存储库和管理存储库的战略。

业务流程管理的存储库可以回答的问题：

- 为了更方便地管理、应用和重复运用流程模型，我们应该如何存储它，如何将它编入目录？
- 我们如何保证那些旧流程和我们刚刚获得的新流程之间没有重叠？
- 应用案例是什么？
- 存储库中应该包含什么内容？
- 存储库应该采用哪种格式？
- 我们应该如何建立存储库的治理方式？
- 为了实施存储库，我们应该运用哪一种工具？

一家石油和天然气公司收购了一家新公司，需要将两个组织的流程联合起来。它可以在整个公司内应用哪些流程，并需要重新规定哪些流程呢？企业同意运用埃森哲参考模型，将它作为通用流程框架的基础。之后，它为总流程的下面几个层次建立模型。这家公司运用一种流程存储库，推出自己最新规定的多种流程。

即便是现有的存储库，也可以从新的角度得到提升。一家大型消费品公司应用一种功能强大的流程存储库，并推出一种新型操作模型。问题是，它却不能有效地处理风险。为了缓解运营风险和财务风险，这家公司在流程模型以及相关的缓解流程中加入一种风险描述。然后，它在流程存储库中创建了自己的风险手册，也为流程框架建立了一种风险意识。存储库是成功推出一种新的经营模式的重要组成部分，它的风险非常小，并且显著地降低了成本。

业务流程管理的系统

业务流程管理的系统包含所有其他可以辅助组织中的业务流程管理的技术部分。它可能包括一般性的知识管理系统、流程执行引擎、规则引擎以及流程监控系统。它也可以包括企业软件，如企业资源计划(ERP)和业务流程管理的专用软件。我们将在第七章对业务流程管理执行系统进行详细描述。

业务流程管理的系统可以回答的问题：

- 哪些硬件和软件平台支持组织中的流程？
- 哪些供应商可以支持我们的业务流程管理能力改进活动，满足流程改进需求？
- 不同的软件工具如何组装在一起？

流程改进方法

流程改进方法不仅包括传统流程改进方法所具备的能力（例如，精益生产、全面质量管理和六西格玛），而且包括企业特有的改进方法。应用价值导向型业务流程管理，企业可以确保从业者能够在需要时应用以上方法中的专业知识。通过培训一个核心团队，或者选择咨询合作伙伴，就可以获得这种专业知识。我们将在第五章描述价值导向型业务流程管理是如何与多种流程改进方法"和谐共处"的。

流程改进方法可以回答的问题：
- 我们怎样才能提高一种具体流程的效率？
- 我们怎样才能减少工作流程中的浪费？
- 我们怎样才能稳固流程，使它变得更加可靠？
- 我们怎样才能改进质量？

业务流程管理的交付

业务流程管理的交付代表着价值导向型业务流程管理的"剧本"，体现了企业制定战略、完成任务的方式。业务流程管理的交付描述了企业中具体改进项目的解决方法，从流程战略和分析到设计、实施、执行和监控，这些都是业务流程管理的生命周期的阶段（如图1-1所示）。业务流程管理的交付规定了企业引进方法和工具的渠道，并创造了路线图中所定义的价值。

在业务流程管理的交付中，从业者创建了**流程战略**，这种战略规定了流程的大体内容，包括所有权、关键绩效指标的定义以及测量战略工作方式的框架。

之后，通过进行**流程分析**，从业者运用方法和工具，根据路线图上制定的目标，发现改进流程的重要机会。

在**流程设计**中，为了实现每一个改进机会的目标，从业者确立了改进流程的方式。接下来是**流程实施**，企业开始行动，真正改进流程。例如，工作流的改革，单纯与 IT 相关的活动，或者以上二者的结合，都属于以人为本的活动。

然后，一旦流程得以实施，业务流程管理的交付会继续进行**流程执行**的内容。企业可以应用存储库，不断获悉改进机会，教导新员工，或者选择性地开展流程改进方法，并记录每一次的变革。这样，企业就能够续性地改进流程了，同时也获得了知识。

在**控制和监控**阶段，从业者监测关键绩效指标，这些指标是企业在流程生命周期开始时确定的；他们也监控整个流程，从而确保预期的进展。如果没有进展，那么从业者将进一步调整流程。

业务流程管理的交付可以回答的问题：

- 应用方法和工具，我们如何执行业务流程管理的路线图？
- 我们如何确保自己规定的流程改进正在得到实施？
- 我们如何测定流程改革，确保它符合规定的业绩指标？

业务流程管理的变革

业务流程管理的变革重点是管理流程改进，将新型工作方式制度化。这样，这些改变就能够永久地保持下去。提升业务流程管理的能力，更好地支持大型变革。变革需要一种能够将所有相关的流程变化进行归类的全面的方法，旨在保证有好的结局。变革计划的范围涵盖了从小型的、有针对性的卓越执行方面的改进，到重大的、组织范围内的转型。你是否曾经注意到你身边的某一条路，刚由天然气供应商挖开过一次，几个月后，它又被挖开，放进新的电信设备？你是否想过，为什么他们不能将这些事儿合并？大规模的流程变革就可以限制改变带来的破坏，只将效益最大化。

业务流程管理变革是价值导向型业务流程管理的一部分，它为组织变革活动提供支持，在组织内建立一种通用的价值导向型业务流程管理思维模式。业务流程管理变革应用组织中的变革管理工具，包括信息、交流以及培训项目，来教导员工价值导向型 BPM 的优势。它也包括了将价值导向型业务流程管理纳入日常活动中的操作指南。业务流程管理变革的子流程包括：组织文化和员工的变革管理；变革管理的准备活动（例如信息、交流和培训）；以及计划和项目管理——对大型变革初步活动来说，所有这些都非常重要。业务流程管理的变革也建立了一个业务流程管理的共同体，包括了组织内的所有流程负责人。这个共同体引导员工交流思想并分享最佳实践，使价值导向型业务流程管理成为他们日常工作中不可分割的一部分。它也为业务流程管理的计划和项目管理设定方向。

在业务流程管理的变革中，价值导向型业务流程管理中"人的部分"变得生动起来。在第六章中，你可以详细地看到一个应用业务流程管理的组织的构建。

业务流程管理的变革可以回答的问题：
- 哪些是实现业务成效所需的相关流程改进？
- 哪些是需要同时进行的技术性、组织性以及文化变革？
- 在实际中，我们的组织如何确保全体成员遵循价值导向型业务流程管理的原则？
- 流程领导者如何与时俱进，向员工传授价值导向型业务流程管理？
- 从一个部门性改进项目中所学到的重要教训和收获，如何广为传播，并在大型组织中得到应用？
- 我应该如何管理业务流程管理的项目，才能取得成效？

业务流程管理的支持体系

业务流程管理的支持体系是在公司整个实施、流程和系统中嵌入变革的实践。巩固流程管理的流程中的所有流程领域,是公司的关键流程,或者说是业务流程管理支持的流程。流程管理的流程应该与企业的部门紧密联合,这些部门对流程的持续改进及成功发挥着关键作用。典型的流程改进包括那些与财务、采购、HR和IT部门相关的改进活动。例如,为了从核心业务流程的改进中获得最大的业务价值,企业需要调整薪酬和奖励体系(HR),以及底层软件应用和技术(IT)。举例来说,一种与业务流程管理紧密相关的调整活动不仅仅会提高个人的业绩,也可能提高整体流程的产出。

至此,我们已经全面了解了埃森哲的参考模型。接下来,我们将进一步考察企业实施流程管理流程的常见方法。

通往流程管理的流程的途径

流程管理的流程将五个主要流程领域联合起来,但它只有一个目标,即价值创造。所以,考虑到流程管理的流程是企业实现价值的核心要求,你的组织怎样开始建立自己的流程管理的流程?

我们与许多客户进行会面,证实了在多数情况下,流程管理的流程并不是一蹴而就的。正如企业所要求的,为了在重要领域使业务流程管理趋向成熟,从而完成业务目标,流程管理的流程需要逐步完成。

企业建立流程管理的流程的过程并不是分层的,也不是线性的。有许多入口,图2-2展示了一些常见的业务场景——或者触发点——促使组织实施价值导向型业务流程管理。引申开来,在企业中,这些触发点(以及其他触发点)是建立流程管理的流程的入口。

企业开启以流程为中心的旅程,可以有很多不同的方式,下面只是其中的几个例子。这些企业遇见一个常见的触发点,受到鼓舞,然后开始建立一个全面的流程管理的流程。

第三章 流程管理的流程

触发点：合并后的合理化

一家石油和天然气公司完成了一次重大收购。为了实现预期的协同效应，它需要整合这两家组织，建立一个标准流程（案例的具体细节请看第九章的案例分析一）。这家公司开始建立流程管理的流程，入口是通过参考模型中**业务流程管理的方法和工具**这一部分。

这家公司首先将重点放在该领域的几种"子流程"上，例如，制定一个通用的业务流程管理标准，应用于整个组织。为此，公司首先需要建立一个流程建模标准，然后从每个组织中找出那些具有最高优先权的"最佳"流程，从而开始建立一个通用标准。

接下来的问题是："我们该怎样来管理所有的新流程和改进流程呢？"这家公司求助于**业务流程管理的操作**领域的模型和子流程，例如，建立一个BPM卓越中心。一旦这个BPM卓越中心落实到位，治理方式变得清晰明了，公司就开始思考如何建立新型能力了，接下来进行能力评估、流程价值分析以及生成路线图（业务流程管理的操作的各个方面），直到业务流程管理的操作的全部子流程都被考虑到。此时，流程管理的流程在公司中建立了一种强大的业务流程管理能力，此项能力包含了参考模型的几个主要领域。这家公司的下一步计划是，在公司中建立模型中**业务流程管理的变革**领域的能力，使业务流程管理成为企业文化中的关键部分。

触发点：一个业务流程管理单元的建立

一家投资银行的领导层发现，企业在流程自动化、流程建模和流程设计方面开展了许多小倡议。因此，许多不同的业务单元开始从无到有地创建流程，应用不同的自动化技术，从而实现它们的目标。一位首席信息官总结道："我们需要确定一个方向，确保我们能够在各个流程单元，利用我们的知识解决问题。"为了实施流程管理的流程，这家公司的入口是**业务流程管理的实施**。这位首席信息官任命一位经理构建流程管理的能力。他的第一个任务是创建一幅通往价值导向型业务流程管理的**路线图**。为了做到这一点，他需要明确公司已经拥有哪些能力、在哪个部门应用它们以及未来要做什么。这家公司需要将**业务流程管理的治理**框架落实到位，这样就可以继续创建流程管理的流程了。

触发点：变革和增长

一家高科技公司赢得了一单大型合同，这份合同规定，五年后，公司务必将其工程能力和生产能力提高 10 倍（参阅第九章案例分析二，以获得该案例的更多细节）。业务单元的领导人立刻回复说："当然，我们需要更有效率地办事。但是，那些让我夜不能寐的问题是，'我需要改进——或者投资于哪些流程？'以及'我需要投资所有流程吗？'"公司的透明度非常重要，因为公司需要更透彻地理解流程，才能做出决策。

这家公司实施流程管理的流程，其入口是**业务流程管理的方法和工具**，目标是增加流程的透明度。为了确定流程中潜在的瓶颈和障碍，这家公司建立了一个**存储库**，运用流程建模工具，对一些关键流程进行模拟。在将重心放在参考模型的该领域之后，这位经理立刻发现，公司可以停止向特定领域投资，因为这些领域可能会出现不可预见的问题；还可以将资金投入更加有价值的领域。

这家公司的领导人说："现在，我们希望向其他流程单元推出这种方法，因为我们真的希望，未来我们能够系统性地做事。"此时，企业活动的重点是**业务流程管理的实施**，之后才能继续实施流程管理的流程。

在每个案例中，企业的目标都是解决一种具体问题。但是，在它们做出行动时却会意识到，建立一种更完善的流程管理的流程以及将业务流程管理作为一种管理规则加以应用的价值。

首次建立一种流程管理的流程时，企业会采用不同的方法。这些方法的优势和价值多种多样，正如公司的复杂多样性一般，例如：

- 标准化流程，成本降低，质量提高和服务的一致性。
- 更快地整合。
- 清晰的角色和职责。
- 让那些具有根本性影响的改进迅速实施。
- 知道如何更好地应对技术变革或趋势。

你的业务流程管理能力可能并不需要埃森哲参考模型中所展示的全部流程。举例来说，一个组织可能决定不建立与传统流程改进方法相关的能力，比如六西格玛企业战略管理；或者至少在初步行动时，它可能决定不建立一个正式的流程体系或者采用任何流程执行软件。在以上案例中，企业可以推迟实施流程管理的流程的相关领域。正如第四章所叙述的，你应该依据这幅路线图，才能进行业务流程管理能力范围的重要讨论。

流程管理的流程取得成功的四种因素

我们已经发现，无论组织采用哪种入口在企业中应用流程管理的流程，那些取得成功的公司都会具有一些共同的关键特点。在企业准备开始实施流程管理的流程并应用价值导向型业务流程管理时，领导阶层都需要牢牢记住我们从研究和经验中所搜集的几种典型的关键特性（并不详尽）。

赢得企业高层领导的支持

就关键成功因素来说，高管层面的认同和支持意义最为重大，而高管层也将为关键运营流程最终负责。正如之前讲到的，价值导向型业务流程管理作为一条管理法则应该由管理层全权负责并促进实施。"BPM卓越中心"应该与能力、工具和方法一道，共同支持协助企业的管理层。企业在实施业务流程管理战略时，发起人首先必须与负责企业业务和IT

战略部门的高管层接洽，将业务流程管理组织和相关战略紧密结合起来。如果得到高管层的坚决支持、紧密配合，同时再加上那么点紧迫感，那么企业便能够保证在实施过程中快速决断。这种以流程为中心的文化，首先在高管层中产生，随后将渗透至整个组织。

取得立竿见影的胜利

企业需要时间才能引入一种先进的管理规则，例如价值导向型业务流程管理。因为在企业中建立流程管理的流程，通常需要成本、资源方面的重要投资，所以，为了引起并保持企业的兴趣而实施一些能够快速产生效益的小型项目是非常必要的。在持续变化的商业环境中，你不可能耗费多年时间去开发业务流程管理能力，而且在建成之后才从中获益。正如之前讲过的，我们将流程改进与业务流程管理能力的发展过程结合起来。我们建议你审慎行事，提高业务流程管理的能力，以与具体成果的交付相匹配。（关于这种方法的详细描述，我们称之为"三角法"，参见第四章）将业务流程管理的能力建设与那些带来即时价值的运营计划结合，这一点是非常关键的。根据我们的经验，通过聚焦于组织的业务目标，并将其作为核心要务，就能够提升速度。

保持简洁

尽可能地保持简洁。企业在建立流程管理的流程时，那些有效方法和工具是一把双刃剑：它们鼓励人们制订快捷、精密的方案，但如果企业疏于管理，它们也可能建立极度复杂累赘的流程。我们喜欢问企业以下问题："这种流程将被用于何处？被谁应用？会产生什么结果？"

例如，为了研发企业流程存储库中的业务框架，一家企业确定了40多种建模方法。毫无疑问，没有人会采用这些方法——这些方法太复杂、困难，以至于很难理解。之后，公司将其精简为不到 10 种方法，这才极大地简化了这些模型。

第三章 流程管理的流程

另一个例子是,在一个公共服务组织中,有个特别小组的任务是"进行建模"。他们按照五个级别的细节标准记录了所有流程领域,但却不曾考虑到如何应用这些标准。这个小组本身成了一家小型工业企业,而且是存在于小组内部的<u>工业企业</u>,却与业务甚少关联。

当然,这个规则的反面,就是公司应该避免过度简化。为了提高组织过程固有的透明度,需要一定程度上的细节和复杂度。否则,企业能够很容易地创建一种业务流程管理方法,这种方法也许在理论上非常实用,但是却并不能提供所需的价值。

找到合适的自由度

为了成功地实施流程管理的流程,企业中员工的工作也需要一定的自由度。事实上,如果应用业务流程管理时太过死板,流程看起来会非常刻板顽固,企业试图培养的灵活性也会彻底失败。因此,决定每个流程的自由度是非常重要的。显然,在那些与规范或安全相关的流程案例中,例如在财务或生产流程中,企业通常会制订细节计划,避免发生意外或法律问题。因此,在这类流程中,员工没有任何自由,他们不可以用其他方法做事。然而在研发领域,流程可能只是被粗略地加以规定,鼓励打破成规、勇敢创新。

随着企业逐步实施流程管理的流程,你应该鼓励主动精神和流程创新,不要惩罚早期实施者的错误。通过提供合适的基础设施,尝试与流程相关的想法,从而组织流程创新。这对那些服务型企业来说尤其重要,因为它们所提供的就是流程。运用价值导向型业务流程管理和流程管理的流程,你的企业可以进行价值创新——这意味着,流程管理的流程自身可以更灵活,尤其是在**方法和工具**以及**业务流程管理的交付**这两个领域。

在流程创新的一个有名的案例中,企业之间日益形成的竞争,促使一家高科技公司为实现更高的透明度而建立了存储库。曾几何时,市场竞争并不常见,但如今这家生产压缩机的企业,却面临着日益激烈的竞争。它需要迅速实施一种不易复制的流程，能够将它与竞争对手区分开来。这家公司运用业务流程管理建模和存储库方法，推出了一种新的交付模式，为客户提供压缩机，并通过网络管理这些压缩机。这家公司不再销售压缩机，而开始销售"压缩空气"。流程管理的流程帮助这家公司迅速确立并推出了一种新的、独特的模式。管理规范的业务流程管理的流程是不容易复制的，因此，业务流程管理能力也将这家公司与其他公司区分开来。

概括来说，流程管理的流程将流程改进与价值产出联系起来，建立了一种以流程为中心的管理规则，这样，每次改进流程时就不需要重新开始。这就为不可预知的创新打开了一扇更宽广的门，流程改进以一种有组织的、协同的方式取得更加彻底的成功。

本章注释

1. Mathias Kirchmer, "The Process of Process Management: Delivering the Value of Business Process Management," Accenture, 2011.

第四章

绘制一张通往价值导向型业务流程管理的路线图

当你审视企业中的各种流程时,却发现很难做出决策应该优先处理哪些流程。你可能清楚首先处理哪些流程,但是接下来哪些才是需要处理的最重要的流程呢?绘制一张通往价值导向型业务流程管理的路线图,你就可以在那些产生最大价值的企业领域逐步应用业务流程管理。

根据埃森哲咨询公司目前正在进行的高绩效企业调查以及与客户交流的经验，我们发现，组织中只有15%～20%的流程，可以创造出重大且具有差异化的竞争优势。是的，组织需要所有流程都发挥作用，但是其中哪些才是能体现企业品牌承诺的最关键流程呢？根据企业目前的战略和能力，一旦确定了这些关键流程，你就能够在合适的领域进行更务实的流程改进。因此，辨别出这些流程就成为企业最重要的任务。然而，在上百个业务流程中，哪些流程能够为企业带来最多的价值？或者如何评估以及优先处理那些最需要改进的流程呢？在回答这些问题时，企业会感到胆怯，这是很常见的状况。企业应该明确战略、流程和执行之间的重要关联，这正是通往价值导向型业务流程管理的路线图所回答的问题。

在第三章中，我们详述了流程管理的流程（PoPM）。我们也注意到，对于很多组织来说，由业务流程管理的操作这个领域进入流程管理的流程，是很常见的现象。通常来说，大多都是首先在这个领域"上路"，因为它分析企业中现有的流程，揭露了企业应用新的流程管理的流程所存在的缺陷，也为从业者提供了一种切实可行的方法。在业务流程管理的操作领域，组织开始审查现有流程是否具有改进的潜能，并将它们与战略目标联系起来，同时开发出新的流程。在本章中，我们将探讨，通过详细审查业务流程管理的操作的几种主要子流程，组织如何辨别和评估那些你需要培养的业务流程管理的能力。这些子流程包括：业务流程管理的成熟度和价值分析，流程价值分析，还有路线图。在操作过程中，通过实施这些子流程，流程管理的流程焕发了无限生机。

企业在培养持续性能力时，绘制一张通往价值导向型业务流程管理的路线图，可以带来直接的好处。这个流程首先帮你规划企业战略，之后有条不紊地审查业务，一步步生成一张完备的、改良的路线图。在这个过程中，你会辨别出企业中最重要的流程，也获知了企业应该如何改

第四章 绘制一张通往价值导向型业务流程管理的路线图

进这些流程的建议。通过制作这张价值导向型业务流程管理的路线图，你可以回答以下所有问题：

- 哪些流程能为企业带来最大价值？
- 哪些是企业最需要关注的流程？
- 我如何知道哪些流程最需要改进？
- 我如何评估特定活动具备的改进潜能？
- 流程改进活动可能以什么方式相互关联起来？

在你开始之前

毫不意外的是，业务流程管理的实践过于重视方法和工具，却不太重视业务价值。原因很简单，业务流程管理是一种非常吸引人的事物。辨别并改进流程是企业进行的一次"令人兴奋"的尝试，窍门就是你的企业需要将重点放在创造价值而不是业务流程管理的机制上。在首次开展流程改进的领域中，这种兴奋感可以得到控制，也可以失去控制，制作路线图的流程就是其中之一。因此，如果我们期望运用价值导向型业务流程管理完成企业的目标，那么在我们开始制作这张详尽的路线图之前，你需要将一些规则牢记于心。牢记这些规则，你就能保持前行的方向，为企业创造价值。

不要好高骛远

如果你好高骛远——同时改进多种流程——那么结果很可能会令你失望。在那些与业务目标一致的流程中应用流程改进，而不是在整个公司同时应用业务流程管理，才是创建一张理想路线图的基础。如果在你的组织中流程改进的能力有限，那么通过系统化地应用战略性的改进流程，改进业务流程管理的管理规则，获得流程知识，从而取得业务流程管理的实质进步，依旧是有可能的。拥有了这张路线图，你就可以集中精力，实现最重要的业务目标，最大限度地提升流程能力。

如果企业按照这张路线图的步骤改进流程，将是一个长期的工程。但是，不可能和路线图上描述的时间框架完全相同。由于商业环境的变化，或许每过几个月，你就应该分析企业的实际状况与路线图中所描述状况的关系，决定是否还要按原计划行动。

将战略与执行联系起来

这张价值导向型业务流程管理的路线图，是连接战略与执行的关键工具。运用这张路线图，业务流程管理中的每个人都能够向 CEO 证明自己的存在价值。"我正在创建流程存储库。"答案不应该这样简单。如果你不能回答创建存储库的原因，那么就是没有顾全大局。

我们设计这张路线图，在几种公认的价值驱动因素和你对流程所做的工作之间创建一种直接可证的联系。流程改进专家在企业中非常稀缺，这张路线图也帮助你的企业更合理地发挥专家的作用。能够认识到这一点的组织非常少，因为它们太专注于单个的流程改进项目，而忽视了这些改动的战略价值。

业务流程管理应该适合你的组织

价值导向型业务流程管理很容易被想象为——正在"访问"组织的一群"外来者"。但是，你不应该这样看待它。如果你依照这种方式来操作，它根本就不会起什么作用。业务流程管理不是由一群专家来单独执行的。实施业务流程管理是一项涉及组织的核心并且会在相当程度上导致员工、流程和技术产生变革的重要活动。从业者经常会面临这样的艰难选择：企业在什么时候进行小范围的组织变革，什么时候进行大规

第四章 绘制一张通往价值导向型业务流程管理的路线图

模的破坏式的变革。

价值导向型业务流程管理就是要制作一张改进流程的优先列表。这些优先处理的流程与战略相关联,在建立一个真正独特的组织的过程中发挥着重要作用。这里所展示的方法能够帮助你辨别和深化你对某些可以促使流程改进的能力理解。但是,这些能力最终都会为你所有。你制作了一张路线图,帮助自己找到最合适的干预措施,并决定在组织的哪些部分应该实施这些干涉,以及什么时候实施。

另外,你可以通过每次干预提升业务流程管理的成熟度及其对企业的影响。如果你做到了这些,就总能找到提升和改进的余地,而且改进也会持久。

我们没有要求企业全面实施流程管理的流程,或者以特定的顺序执行流程,原因之一就是,我们理解组织具有独特性。相反,我们的目标是向你展示各种业务流程管理活动如何相互关联,以及根据组织的特定需求,在业务流程管理的生命周期中,将这些活动应用于多个入口。

太多、太快的指标

流程改进的活动及方法可能过于重视指标。但是,正如同在确认战略目标之前实施流程存档可能会使人失望,过度信赖指标并将指标本身作为目标也可能会带来失望。在我们看来,在一种将流程监控作为工作的重要部分的成熟环境中,指标非常重要。为了评估流程绩效,你需要运用指标和 KPI。但是,当你不知道你要评估的内容或者没有将评估标准和战略价值联系起来时,过度应用指标会过早地消耗资源。在下一节中你会看到,改进流程时采用一种定性的视角通常是非常有效的。

每个企业都有一些与众不同、独一无二的战略部署重点,这是连接优先事项与经营策略的关键。为了应对外部的刺激因素,企业必须不时做出改变,并利用这些刺激因素决定优先进行的改变。流程管理需要与这种改变同步。企业在决定改进哪些流程时首先明确自己的战略目标是非常关键的。在本章中，我们所展示的那些工具能够帮助你在动态环境中迅速做出有效决策。

定性流程分析 vs 定量流程分析

有些组织的流程已经相当成熟，它们制订了一系列指标来对流程的业绩进行持续监控。但是对于很多组织来说，它们才刚刚开始实施价值导向型业务流程管理，进行这种管理规则的实践。因而，首先对流程进行定性分析，才是一种恰当的做法。

通常来说，企业首先要进行一次"对话"，其目标是全面了解组织中的哪些流程与哪些关键领域相关，接下来再对流程的改进潜力进行定性评估。

在定性分析中，人们经常问到的另一个问题是："我们的企业中，品牌的关键方面是什么？"在《品牌行为：如何为品牌生存创造自信体制》(*Brand Manners: How to Create the Self–Confident Organization to Live the Brand*) 一书中，汉密士·普林格（Hamish Pringle）和威廉·戈登（William Gordon）宣称，"品牌展示了我们期望从产品、服务或企业中所获得的承诺。"[1]这两个作者接下来定义了"品牌行为"。"品牌行为正是企业向消费者履行承诺，尽可能经常地确保他们得到惊喜。在消费者每次见到企业提供的产品时，这些'行为'就会出现。"换句话说，在分析企业中的流程时，考虑定性因素，如企业的公众形象的重要性，与调查硬数据一样至关重要。

你需要采用一种定性的方法来分析这个问题。这样问很合适，"从数量上说，如果我们此时改进流程，意味着什么？它会不会带来我们所追求的成果？"

有时候，成果是不可能被量化的。意识到这一点是很重要的——例如客户服务。此类产出可能比企业领袖们所预期的要"模糊"得多，但

第四章　绘制一张通往价值导向型业务流程管理的路线图

是这类产出依旧是有效的，并且值得企业继续去追寻。

你为什么需要这张通往价值导向型业务流程管理的路线图

牢记之前所提到的规则，现在我们可以讨论本章的主要问题：你为什么需要这张路线图，以及如何创建一张路线图。我们先解释原因。

对于企业的成功来说，一张通往价值导向型业务流程管理的路线图是至关重要的，因为它为企业实施流程改进的责任方提供了计划交付和任务列表。这张图为企业如何通过以流程为中心更快地实现更多价值提供了一种自上而下的指导。你需要这幅路线图，因为流程改进揭示了企业在通常情况下难以处理的复杂因素。你的路线图会成为一种颇具价值的资产，它告诉你如何到达如今所处的地点、你应该去的地方以及你如何到达那里。图 4-1 展示了企业制作这幅路线图的流程。

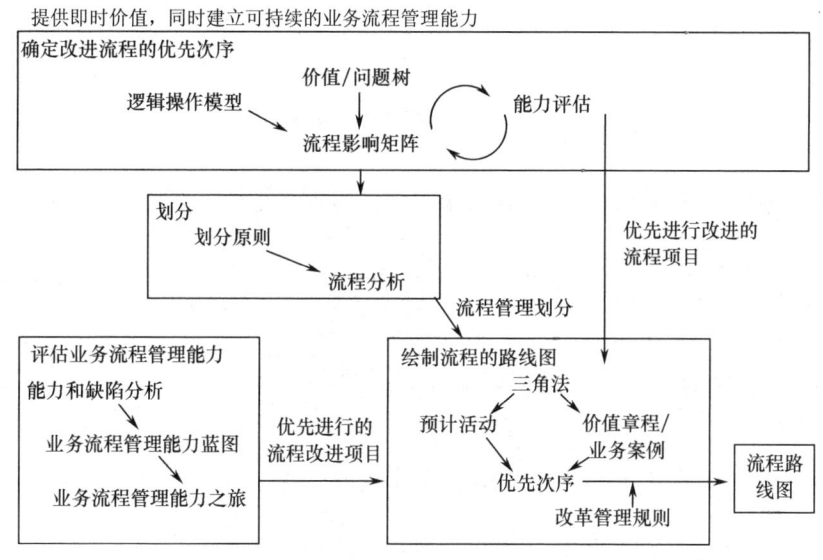

图 4-1　流程图产生流程

路线图概述

路线图的创建过程开始于将最高级别的短期目标和长期目标对接起来,然后找出组织在市场上的显著差异。从业者建立了流程和子流程的不同等级(逻辑操作模型),这样,采用这种单一视角,每个人都能理解组织的功能及流程之间的相关性。然后,这个流程团队又开始试图缩小筛选范围,聚焦于对关键价值驱动因素起至关重要作用的流程。接下来,这个团队通过能力评估判定关键流程的相对成熟度,并将重点放在那些具有最大成熟度改进缺陷(通常很少)的流程上。接下来,透过几种不同的"镜头",团队刷新了企业对这两方面的理解:流程是例行工作还是高知识含量的,以及流程对组织外部名誉和市场地位的影响程度。接下来,这支团队审视企业的标准化水平并与流程的战略价值和相关成本加以比较,决定实施哪些主要的流程干涉措施。最终,在做出最后的流程筛选以及确定可交付成果、职责和具体改进目标的计划之前,这个团队首先评估了自身的业务流程管理的成熟度和改进目标。

在此说明一下,关于本章中所描述的流程优先列表、路线图产生流程以及其他相关工具和资产,埃森哲咨询公司拥有专利。[2]

路线图如何将标准的ERP操作转换为一次极具价值的战略行动

ERP(企业资源计划)软件在上线执行自身流程时,过程可能会极其烦琐。尽管它能极大地提升组织效率,上线实施ERP却是一项消耗时间和资源的活动。这也是许多企业选择外包这项活动的原因。许多组织将ERP软件的升级看作是一种沉没成本,认为其只是在降低版本更新的费用。但是,软件升级只是巩固某些流程,而这些流程并未被优化或者创造战略价值。这么来说,它就是一种巨大的机会浪费。企业应用一种紧密集成的软件,那些低效率的情况如今已经深藏在各

第四章 绘制一张通往价值导向型业务流程管理的路线图

项操作之中。所以，实际上，ERP 的升级可能不会降低成本，反而会增加成本。

通常来说，在那些应用 ERP 系统的企业，流程不再由企业战略目标而是由软件系统来决定。企业中 80%～85%的流程并无不同，例如，工资处理流程。对于这些流程来说，这种做法是可以接受的，甚至是有益的。因为软件的每个版本中，都放入了大量客户的上千条安装经验。但是对于余下那 15%～20%决定着企业能否在市场上脱颖而出的流程来说，如果企业的个性被软件实施的复杂性所"征服"，这将是一个非常"昂贵"的错误，因为软件只能指供固定的标准方法。制作一张通往价值导向型业务流程管理的路线图，可以避免你的组织落入这个"圈套"。

让我们来看看，在这个案例中路线图如何发挥作用：一家能源公司确定了六种战略需要。同时，它也计划在整个企业内部实施 SAP 企业资源计划。它准备聘用一家低成本的外包公司进行软件安装。但是，接下来我们会问："企业资源计划的实施如何与那六种战略需要联系起来呢？"

企业领导者们是这样回答的："我们必须回归基础，发挥软件的作用。"

我们回复说："你将怎样实施标准流程，并运用它们实现你的战略需要呢？这个计划如何使你的企业在市场上脱颖而出？"

他们没有明确的答案。通过设计这张包含 270 个子流程的路线图，我们发现其中 80%的流程不需要进行繁重的流程改进工作。采用能源工业中的标准方法安装这个标准软件包，也可以支持它们的应用。但是，另外 20%的流程却是不同的专门流程。公司曾花费大量时间辨别那些战略需要，这些流程可以直接对那些战略需要发挥关键作用。因此，这些流程成为业务流程管理项目的重心。清楚地辨别出这些不同的流程是非常重要的，因为这部分流程更具有价值潜力，同时也避免

> 了增加其他那些可以采用标准方法处理的流程复杂度。将企业交易层面上的各种细节流程详细地转换为软件的工作流程，这项精细任务将消耗大量的时间和资源。如果企业都不清楚这项任务是否可行，还怎么能够承受相应的后果呢！

评估操作流程

接下来，我们来详细观察路线图的产生过程。因为创造价值的规划被称为企业战略，因此，这个路线图产生过程首先确定了优先完成的战略目标，并将流程与之相匹配。

我们将上述虚构的石油和天然气生产商——"能源有限公司"——作为案例，并分析其所附的图表。在最近一段时期，石油价格很高，但它却收购了一家成长型公司。[3] 这家公司的管理目标及后收购时期的战略目标是：

- 将公司的履约能力整合为一个单独的业务单元和操作模型。
- 提升合同、项目管理以及操作过程的效率，在石油价格下跌时期保证企业的恢复力。

大型企业通常会采取多个视角，而其中大多是不全面的。记录那些协助企业运转的主要流程，让企业和利益相关者一起处理可见的流程缺陷，这对企业的发展非常有利。这个逻辑运作模式表（见图 4-2）列出了能源有限公司中基本的顶层流程。埃森哲咨询公司曾为能源行业设计了一种参考模型，称为能源上游（Energy Upstream），图 4-2 所示这张图就是它的简略版本。根据这个图表，组织就建立了一种通用的流程语言。

这种流程视角通常需要和其他视角相互磨合，例如从管理的角度看待企业中的员工和应用。一旦你清楚地了解了企业正在做什么，下一步就是观察企业的目标与不同的价值驱动因素之间的对立关系。

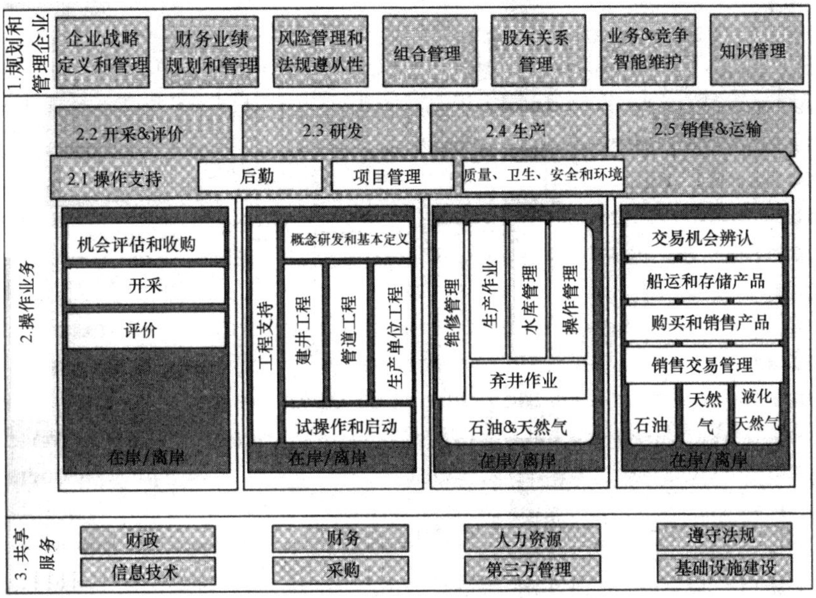

图 4-2 逻辑运作模式：能源上游

企业可以运用**问题树**将需要优先处理的业务问题转化为战略目标，并将其与价值动因联系起来。举例来说，如图 4-3 所示，在能源有限公司中，高级业务的优先级是使企业成为"安全和环境方面的领导者"。这意味着全体员工和承包商的安全成为企业的战略目标。为了实现这个目标，企业需要应用这些关键价值动因。它将"遵守法规"当做最高层，将促进健康、安全和环境（HSE)合规性以及社会责任作为下一层。简单来说，在这个时期，对于石油开采和提炼的工作，人们都强化了政治意识和社会意识。因而，企业需要保证安全和合规性。同时，在这个石油价格相对较高的时期，企业的现金流也得到改善。企业期望借此机会提高自己的恢复力，以应对未来的市场变化。

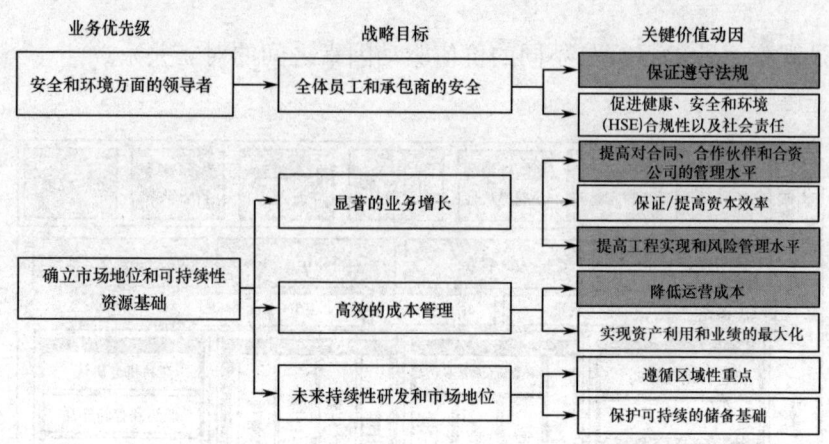

图 4-3 "能源有限公司"的问题树案例

一旦我们缩小了关键因素的范围（在问题树中加粗强调），接下来就要将这些因素放入**流程影响矩阵**中（见图 4-4）。在流程影响矩阵中，我们根据流程对这些关键价值动因的影响，为这些流程排名。我们的目标是从问题树中找出最主要的价值动因，并将这些因素放入流程影响矩阵的中心数列中。这家企业准备实施一系列分析，根据分析的严谨水平，我们也相应采用一种简单的调查方法，或者一种更严谨的分析方法，从而增加矩阵的列数。这些分析方法的例子有很多，比如流程成本分析、复杂性评估、风险评估以及基本价值链分析。而且，每一个价值动因的理想分析类型都有所不同。对于特定行业来说，我们可能提供许多参考案例，这为很多从业者提供了一个领先的机会。关键在于，尽可能使流程和分析相匹配。

举例来说，最近和企业的一次会面，我们最初只是让操作人员审查这个流程影响矩阵，我们认为各种规划流程不重要。"矩形中没有体现总公司的价值"，他们这样说。在处理了更多的工作之后，我们却发现，规划流程工作不仅相当重要，而且需要进行大量改进。因此，保持流程投入与产出的完美平衡是非常关键的。

第四章 绘制一张通往价值导向型业务流程管理的路线图

#	第一层	第二层	第三层	主要价值动因				平均分数	RED
				确保遵守法规 35.0%	提高对合同、合作伙伴和合资公司的管理水平 10.0%	提高工程实现和风险管理水平 20.0%	降低运营成本 35.0%	100%	
31	操作型业务发展	矿井开发	开发钻井&完井	1	1	3	3	2.1	2
32	操作型业务发展	矿井开发	开发油田操作规划	1	2	3	3	2.2	2
33	操作型业务发展	矿井开发	试运行&启动	1	2	3	1	1.4	1
34	操作型业务生产	生产作业	生产现场	3	2	2	3	2.7	2
35	操作型业务生产	生产作业	辨别或开展进一步的机遇	1	1	3	2	1.7	0
36	操作型业务生产	油藏管理	油藏管理	1	3	3	2	2.1	2
37	操作型业务生产	生产作业	石油&天然气销售	1	1	1	2	1.2	1
38	操作型业务生产	弃井作业	废弃资产	1	2	3	1	1.4	0
39	操作型业务生产	操作管理	项目管理	1	2	3	3	2.2	2
40	操作型业务生产	运营管理	调查&研发	1	1	1	1	1.0	0
41	共享服务	基础设施建设	资产/设备管理	1	1	1	1	1.0	0

图 4-4 能源有限公司的流程影响矩阵摘录

71

最初,能源有限公司有 165 个流程。根据流程对每种关键价值动因的影响,对每个流程进行评估——1 为最高,3 为最低。最终,这家公司缩小范围,挑选出 16 个需要优先处理的流程。

这项工作非常重要,因为它使企业清楚地理解了价值动因,以及这些因素和流程之间的关联。面对现实吧:每个部门都会感觉自己的流程才是最关键的,这也是企业需要定量评估的原因——根据"数据"为流程排名,这也迫使我们不得不进行讨论:到底哪些才是真正重要的流程。

也就是说,企业可以将某些合适的数据作为定量评估中的排名依据——这些数据可以是定量的(比如,投入资本的成本和回报),或者是定性的(比如,与战略目标的相关性)。为流程分配数值这一行为使上述内容更加具体、可以按等级排名,以便于做出决策。

在流程影响矩形中,我们确定了 16 种高影响力的流程,现在我们将评估每种流程的成熟度。为了做到这一点,我们需要参考每个流程的**能力评估模型**,并评价它们处在四个成熟阶段的哪一个阶段。图 4-5 展示了评估结果。图中标明了每个流程如今的成熟度和预期的成熟度,我们很容易看出最大的差距在哪里。

#	第三层流程	业绩		评估			
		现实	理想	基础	高级	领先	形成中
3	企业质量、健康、安全、环境(QHSE)	2.5	2.6			▲	
17	采购资产	3.1	3.5		△	▲	
18	管理勘探工作计划	1.1	3.6	△			▲
20	制定并确认钻探目标	1.5	3.7				▲
21	勘探钻井	1.6	3.2				▲
23	管理评估工作计划	1.2	2.8				▲
25	定义技术研发概念	2.2	3.3				▲
28	油田发展规划	1.1	2.6	△			▲
29	最终钻井规划	3.3	3.4				▲
30	设计并构建地面设施	2.1	2.8		△	▲	
31	开发钻井和完井	3.1	3.2			△▲	
32	开展现场操作规划	1.2	3.9	△			▲
34	生产现场	2.3	3.8				▲
36	油藏管理	2.2	2.6			▲	
39	项目管理	1.3	3.5	△			▲
56	合约采购	2.8	2.9		△▲		

图 4-5 能源有限公司的能力评估结果

我们可以采用多种方法，定量评估流程的成熟度。比如埃森哲咨询公司研发了一种能力评估模型，可以评估全部关键流程。在此，我们可以将它加以应用。

在上述能源有限公司的案例中，我们突出显示了在流程影响矩阵中确定的 16 种流程。根据流程、人和技术这三个不同领域的表现，成熟度分为四个状态，即基础的、高级的、领先的以及强劲的。这样，每个流程都对应着自己的成熟度状态。在调查中，我们要求企业的股东按照自己的想法写下每个流程的成熟度，以及为了实现战略目标那些流程应该具有的成熟度水平。在这种情况下，我们确定了 10 个现有和预期成熟度之间的差距最大的流程。我们将这些流程挑选出来，突出显示，从而进一步执行路线图流程。

确定流程的优先次序是相对来说比较简单的工作，这项工作可以将一个看似艰巨的任务分解为一些便于管理的小任务，更重要的是，这项工作使管理层坚信，如果企业改进这些目标流程，就有可能收获最大价值。能力评估（如图 4-5 所示）为更详尽的管理层"研讨"提供了良好基础，以便企业更加深入地理解了这些能力间的差距。正如我们之前所提到的，在讨论中，我们可以应用很多分析方法，获得更多深层次的量化数据。

干预措施的量化

在确定了那些需要改进的少数流程之后，现在我们需要决定如何弥补那些在评估中显现的差距了。我们将采取具体行动进行流程改进，以获得有特定价值的产出。

划分

现在，我们想要来确定，在弥补能力差距时，哪种干预措施最为适合，并确定谁应该实施这项措施。干预措施是理解并改进流程设计和操作的方法。为了帮助我们了解干预措施的形式，我们将流程分层，并将它们归为几类。在这个阶段，我们挑选出一些流程，以进行下一步分析。我们评估了这些流程的战略地位，也评估了流程所需的标准化程度。

战略地位

与之前所做的评估不同（只是将流程与现有的价值动因联系起来），在这个阶段，能源有限公司开始关注流程的战略价值。这项评估是一个长期的商业意图，它也体现了流程在帮助公司实现目标时所发挥的作用。

战略地位指向那些要求高知识含量，并具有显著客户影响力的流程。对企业的长期业务战略来说，这些流程非常重要。作为提醒，我们并不是说其他的流程不重要。但是，就客户而言，许多流程确实是常规化、交易型的，它们只在后台运行。

高知识含量 VS 客户影响力

为了理解流程的战略地位，我们调查了流程与企业长期业务目标之间的关系，也评估了在帮助企业完成目标时流程所发挥的作用。在高知识含量 VS 客户影响力的图（见图 4-6）中，xy 坐标轴的上方区域有很多气泡，每个气泡代表一种流程。评估开始时，165 个流程都有自己的代表数字，现在每一个依旧使用其原始数字。例如，能力评估结果中的 34 行中（见图 4-5）。"生产现场"在图就是气泡 34。

高知识含量：x 轴上的变量代表流程的深度和复杂性。这是一个低端流程吗？比如向供应商支付这种单纯的交易型流程。或者，这是一个高端的——需要经验和复杂决策的流程吗？高知识含量的流程通常意味着竞争优势，因为对企业来说，它有独特的潜能，因此其他竞争者是很难复制的。这些流程很难预测，因此在实施这些流程时，你需要深刻的洞察力，比如，定价、规划、预测、调查研究和新产品研发。

客户影响力：y 轴上的变量代表流程对客户体验的影响程度以及企业的外部形象。一个流程具有很高的客户影响力，这个流程会影响企业与客户之间的关系，但是客户并不一定能够看见它。举例来说，如果推销是企业的首要重点，那么某种特定的流程会是关键流程。如果上级的关注点是战略基础，那么另一种流程会是关键流程。如果客户更关注低购物成本，那么第三种流程会很重要。换句话说，如果流程具有更高的客户影响力，那么对企业的商标来说，它们就是非常关键的流程。我们筛选出的流程，对组织来说可能非常重要。但是，它们并未直接体现消费者与企业的关系。

如图 4-6 所示，高知识含量和高客户影响力流程占据了右上区域，而低知识含量和低客户影响力流程在左下区域。最右上角的那些具有最高战略地位的流程。能源有限公司的股东曾帮助我们完成了流程能力评估。此时，我们再次对他们进行采访，要求他们评估这些流程的"知识含量"和"客户影响力"。之后，我们还会采访他们对于流程"标准化"的意见，本章稍后会提及。

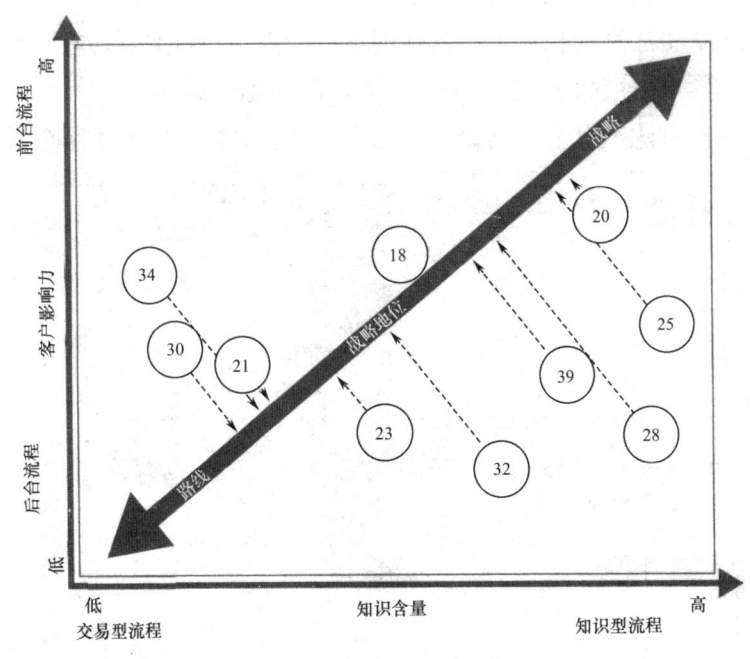

图 4-6　高知识含量 vs.客户影响力

图 4-6 展示了这个流程的最终结果。能源有限公司也能够决定，在十个流程中，制定并确认钻探目标（20）和定义技术研发观念（25）这两个流

程具有最高的战略地位,而设计并构建地面设施(30)和生产现场(34)这两个流程具有最低的战略地位。

流程管理评估

流程管理评估帮助我们突出了最佳干预措施,以及所需的治理方式。

为了进行流程管理评估,我们将整个表沿逆时针方向旋转 45°。这样,战略地位就成为 y 轴。我们又创建了一个新的 x 轴:标准化。如之前所述,我们采访了企业的股东,就企业流程现有的(或应有的)标准化程度询问了他们的看法,从而获得了相应的数据。作为标准化的一个方面,我们应不应该集中控制流程,或者局部控制流程?根据这个因素,我们重新排列了那些代表流程的气泡。

在战略价值和标准化之后,最后评估一个维度是对流程成本进行审核。图 4-7 中气泡的相对大小就体现了这一点,举例来说,在十个流程中,气泡 34 生产现场的改进成本最大,战略地位最低。

为了得到这次评估的结论,我们在图 4-7 中突出显示了四个象限。

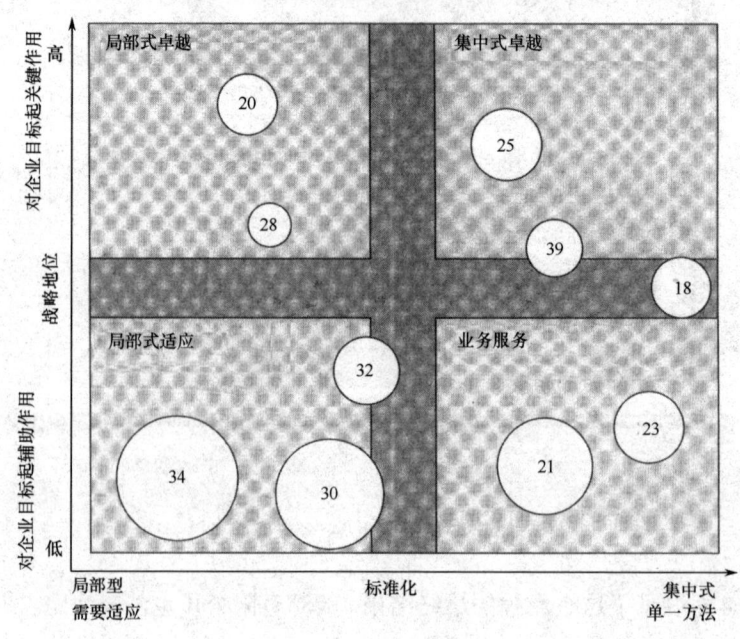

图 4-7 标准化 vs.战略地位

图 4-7 中右上区域的流程具有战略地位，需要强有力的集中管理。右下区域的流程则更加常规化，但也需要强有力的集中控制。左下区域的流程常规化，适宜区域性的控制。左上区域的流程更加具有战略地位，却也需要局部式控制。

在这四个区域中间是一片灰色的"停车场"，那些不能放进以上任一个区域的流程会被放在这里。如何优化这些流程，我们并不清楚。那些放在"停车场"的流程需要更多的分析和讨论。

将流程放进各个区域中，具有特殊意义。让我们迅速看一下每个区域。

集中式卓越（右上区域）

集中式卓越描述了那些在集中控制时能够提供最大价值的流程，这些流程通常包括产品研发、定价以及大客户关系管理。这些流程的责任人应当是管理全球业务级别的领导。需要一种相对来说高端、定制型的管理方式——如"为大客户贴身按摩"这样的经典案例。在这个区域，高度强调流程的创新，能够产生最大效益，因而是非常重要的。这个领域的流程只能应用单独的流程改进方法，如六西格玛企业战略管理，其重点是减少变量——事实上，这也是组织需要创新和变量发挥作用的区域。

举例来说，能源有限公司确定了一些有必要进行升级的流程，定义技术研发概念（25）正是其中一种。如果这个流程处于图 4-7 的左上区域，那么公司就可以确定，从大体上来讲，这个流程需要集中管理，并且具有极高的战略地位。我们可以得出以下结论：改进的重点是组织应该采用统一的流程改进和执行方式，并且应用高水平创新（与流程的战略本质一致）。

局部式卓越（左上区域）

局部式卓越代表了那些在局部管理时能够提供最大价值的流程，以及那些明确理解当地习俗或业务实践并将此作为根据的流程。典型的流程如当地供应链和客户关系。在能源有限公司中，这些流程包括制定并确认钻探目标（20）和油田发展规划（28）。在该公司的案例中，为了成功地选区一个钻探位置，就需要理解当地的地理、水文、政治和产权界。正如电影《音乐奇才》(The Music Man)中曾说过的："你必须了解你自己的领地。"区域经理应当是流程的责任人，依托全公司范围内的最佳实践，对于偶然出现的个性化需求适度放开集中管理；同时为本地化定制和改进留下充足的余地。

业务服务（右下区域）

业务服务通常包括财务、会计和应用支持。运用集中管理的方法，企业可以更好地管理这些必需的但战略地位不高的业务。随着这些业务的更加规范化，它们也能产生更多价值。很少有公司在账款支付的流程中有任何差异化——除非它们臭名昭著，拖欠账款，漏洞百出。对于一些公司来说，这些业务服务的流程可以选择外包，实现自动化；或应用六西格玛企业战略管理，或其他流程改进方法。

举例来说，"勘探钻井"（21）是全国范围内的钻井实践，用来检验一个潜在钻井位置的地质和水文条件。在能源有限公司中，这是一种集中式的、却有些常规化但相当耗费成本的流程。企业经过初步评估，可能认为这个流程能够提高合规性，从而减少风险；认为它具有外包的潜能，从而提高效率、降低成本。

局部式适应（左下区域）

有些流程是局部式的；就战略地位而言，它们相当常规化，我们将这样的流程放入这个区域内。典型的流程包括海关放行、地方税以及那些与人力资源相关的流程。此时，稍微调整这种流程，适应组织的需要；并观察当地流程精益方面的地理标准和行业标准，这些做法的意义重大。在左下角区域的一个流程——例如，能源有限公司的"生产现场"（34）这个流程——重点是某个特定位置的产出。这个流程高度重复，成本巨大。改进活动可能需要将重点放在大型交易的流程，同时也需要根据具体情况适当定制。合规性、六西格玛的应用，以及其他增加成本效率的活动，非常可行。曾实施以上这些流程实践的软件，也可能非常

第四章 绘制一张通往价值导向型业务流程管理的路线图

有价值。

不确定将流程放在哪儿的就放在"停车区"！ 在任何大型组织中，这个矩阵可能会促进一场真实具体且意义重大的管理层对话，其重点是企业的核心任务。不同的管理层成员对流程有不同的反应。最初，有些流程可能会被归入不同的区域。举例来说，一位全球流程的负责人可能会着力推动连贯性、质量、定价以及标准产品定义这些流程，一位当地代表可能会关注人际关系、服务和本地化定价这些流程。当你同时了解当地和全球的案例时，你很难决定将流程放在哪个区域。

在确定流程所属区域时，如果我们没有获得足够的信息，这些模糊的或多象限流程，可以先被"隔离"，留待进一步讨论。我们可以将其放入象限之间的灰色"停车区"，如图 4-7 所示。能源有限公司的一个"停车区流程"例子是管理勘探工作计划（18）。在图中，它是处于中间右侧的一个小气泡。这个流程会集中监督所有的钻井计划，分配资源，并监控流程进展。这个流程是高度集中化的，其成本很低，但却具有战略价值，回报丰厚。这个流程处于右上区域。它由一些常规化元素构成，但是也需要丰富的经验才能有效地均衡资源分配。 这是一种关键却与众不同的能力，它在公司内部运行，却可以采用全球共享服务的运行方式。在我们的进一步分析中，这种流程急需更强大的规划和分析技术，以一种更为集中化的方式运行。

如果流程不能被归入特定的象限中，我们可以将关键的流程分为几部分，这通常是可行且必要的方法。当你这样做时，公司的组织结构会更加清晰。将价值与流程相结合，了解流程之间、区域之间和业务线之间的相互关系，是非常重要的，可以避免我们在本章之前所描述的好高骛远之类的错误。在全球范围内全面推行流程并不一直是正确的——不关注流程与价值的关联，不重视流程变革如何影响管理方式和组织，而只是每隔几年购买一套巨型 ERP 升级软件，一味试图从中"挤出"成本，这种做法也不正确。

辨别合适的业务流程管理能力

确定了那些需要改进的关键流程以后，现在我们就应该回到以前的问题上了。盘点你的业务流程管理能力，依据那些影响流程质量的因素评估企业的成熟度。

业务流程管理的大部分工作都植根于、存在于以及开始于组织中的其他区域，包括基础设施、政策和标准。业务流程管理应该深藏于企业文化中，在业务流程管理能力蓝图中列举了这些因素（如图1-2所示）。评估业务流程管理能力，意味着你需要观察这些因素的相互联系。

现在，我们将进行流程管理的流程（见第三章）的能力评估。此时，也是应用能力评估模型的一个好时机。与其评估单个流程的成熟度，不如评估企业的业务流程管理能力的成熟度。关键是你应该将能力与成熟度相匹配，进一步推进这项工作，并取得成效。

实施三角法

正如第一章中所描述的那样，只要你能够在卓越执行和业务流程管理之间找到平衡，你的企业就能产生可持续的价值。在业务流程管理的旅程中"航行"时，你开始注意到那些可以对成果实施三角法的领域。当你在改进单个项目的其中一个流程时，你可以建议将其作为最佳实践，或者借此获得"下次，试试这种方法"的信息，用来改进业务流程管理能力。

为了实施三角法，你首先需要询问"经营业务的需求是什么？"之后是"组织的业务流程管理能力是什么？"当你把这两个问题放在一起时，你也就描绘出了这个三角形的第三条边：独特的流程措施。

比如，在组织中，强有力的六西格玛能力可以表示"能力"这条边；

需要合理化的那些大型、高花费的流程可以代表"经营业务需求";第三条边"流程措施"——所采取的行动——可以运用六西格玛进行成本优化。图 4-8 展示了这个三角法流程。

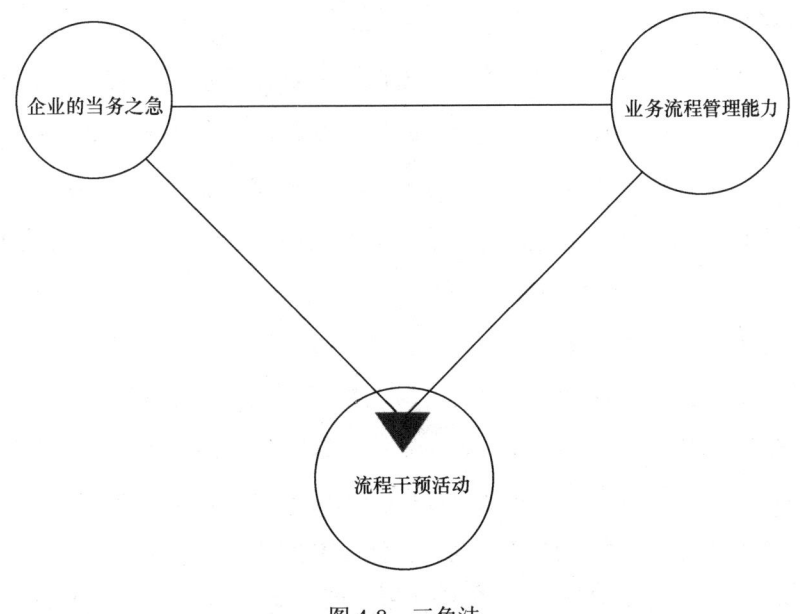

图 4-8　三角法

三角法不仅可以改进现有流程。流程改进方法通常能优化现有流程，但却不一定会在企业的薄弱环节建立更好的新流程。举例来说，六西格玛是一种有效的流程改进方法，可以减少流程中的变量。一种简单的三角法是将六西格玛应用于一个高成本流程，虽然你已经记录并优化了这个流程，但是它还可以变得更快。但是，六西格玛可能并不是重新设计流程的最优选择。

在企业的薄弱领域——如产品研发环节——建立一种新能力，这可能是一种更加具有挑战性但却更有价值的干预措施。当你为企业招聘新员工、增加并改进建模软件和市场测试，以及进行其他活动的时候，你应该改进流程，并增加一些新的流程。这就是三角法。

在能源有限公司的案例中，有两个三角法的有力例证。在第一个例子中，团队做出以下结论，为了提高流程的合规性（业务的当务之急），通过改进流程规划取得效益，操作过程中存在着实现标准化的需求（流程干预）。借助这个机遇，能源有限公司建立了一个集中式的业务流程储存库（业务流程管理能力改进），从而规范标准流程，并提高合规性。

在第二个例子中，一旦这些操作过程被记录下来，最新组建的业务流程管理团队通过模拟的方法更好地理解那些提高效率的因素。本地资源的供应情况被判定为企业的主要短板，会致使企业的运行停滞。但是在规划流程中，如果我们鼓励创新，就可以解决这个问题。这也是一种三角法，它能够提升经营业绩，并且提升业务流程管理能力。

三角法的概念让我们意识到，决策通常产生于战场的中心，没有人能够在真空中开始实施流程改进。与之相似的是，除非确实存在需要改进流程的原因，否则，没有人会实施流程模拟。但是，不论在何时采取干预措施，准备干预措施的整个程序都可以作为一种最佳实践。这样，下次你需要进行流程干预时，就可以借以参照了。

在第五章，我们将会讨论价值导向型业务流程管理与流程改进方法、建模、存储和最佳实践部署之间的关系。

绘制一张路线图

现在我们已经评估了企业的业务流程管理能力以及流程的战略价值，并得到了可靠的评估结果。从路线图中选出的每一个流程都需要借助三角法显示好的结果，需要高水平的业务案例，以及可实现的时间表。我们已经挑选出那些需要改进的流程，并且运用三角法确定了具有潜力的干预措施。现在，我们可以开始讨论标准的项目管理实践了。

正如任何项目一样，你需要评估实施干预活动需要付出的努力，并且预计企业能实现的效益规模。之后通常的做法是评估这些措施是否合理，并将相关的活动进行归类梳理。

我们首先制作了一个2×2"努力 vs.效益"的矩阵，这个矩阵列出了活动（复杂性）与价值（战略价值，不仅仅是底线影响）的对比，将这些干预措施放入这个矩阵中，效益背反情况会更加明显，也更容易理解。这是一种有效方法，你将因此更加明确需要关注哪些流程。"努力"可以总结为"时间、资金和资源"，"效益"概括了我们之前所描述的定性和定量的战略价值。那些最接近右上角的干预措施最容易获得效益。

最终结果：通往价值导向型业务流程管理的路线图

最终成果，即这张通往价值导向型业务流程管理的路线图，是一个简单的计划表，它展示了那些在特定的里程碑、由特定的人或组织单元所采取的特定步骤，这张图也为这些人或组织分配责任。从理想角度而言，它并非金科玉律——这个计划表应该及时更新，才能匹配不断变化的外部环境。但是，问责机制以及流程、人员与时间之间的关系应该保持不变。路线图本身就是一种三角法——它同时改进了操作流程和业务流程管理能力。它可以帮助你更清楚地理解改进活动及其战略价值与组织效应之间的联系，它绘制了一张实现持续收益的路径。

本章注释

1. Hamish Pringle and William Gordon, *Brand Manners: How to Create the Self-Confident Organization to Live the Brand* (Chichester, UK: John Wiley & Sons, 2001).
2. Peter Franz, "Prioritizing Process Improvements to Maximize Business Agility," Accenture, 2011.
3. This example of the hypothetical oil and gas company, Energy Inc., is presented in Peter Franz, "Prioritizing Process Improvements to Maximize Business Agility," Accenture, 2011.

第五章
价值导向型业务流程管理如何优化流程改进措施的影响

在企业实现卓越执行的"旅途"中,你可能已经积累了许多流程改进措施方面的专业知识,如精益生产、六西格玛、全面质量管理以及其他的管理方法。在本章中,我们将来阐述:你应该如何应用价值导向型业务流程管理,从而确保对这些能力的正确关注,以最大程度实现可持续的业务价值。

第五章　价值导向型业务流程管理如何优化流程改进措施的影响

本书前四章阐述了价值导向型业务流程管理如何体现了业务流程管理的演变过程——如何从一种注重单一流程改进的战略方法，转换为一套全面改进所有流程的管理规则。下面我们来进行论证，企业如何做才能弥补这两种业务流程管理之间的差距。

首先来解决一个问题，因为这个问题经常出现在我们的工作之中："价值导向型业务流程管理和传统观念中的流程改进之间到底有什么关系？"价值导向型业务流程管理是一种实用的结构化方法。目前，流程改进和业务流程管理取得了很大进展，而这种方法可以帮助你进一步实现企业的成长——它将很多松散的方法和工具组合起来，从而形成一种新方法，我们一般称之为流程管理、流程改进或者业务流程管理。价值导向型业务流程管理将这些"零星碎片"合理地组合为一个整体，嵌入组织文化之中；更关键的是，它将业务流程管理活动与价值产出联系起来——这正是人们所希望的结果。

价值导向型业务流程管理和流程改进方法

许多人想到业务流程管理时，脑海中会浮现出流程改进方法，例如六西格玛、全面质量管理、精益生产或者流程自动化之类的概念。从很大程度上说，这些方法已经为企业带来了显著的业务价值；并且，它们共同推动了业务流程管理的管理实践。价值导向型业务流程管理将这些方法进行合并，但是它与这些方法明显不同，因为它能够应用于更广阔的领域。鉴于在当今管理实践中以上那些方法的普遍应用，而价值导向型业务流程管理实践和运用上述方法执行的流程改进之间存在着极大的不同。因此，我们将详细描述这两者之间的区别。

价值导向型业务流程管理与其他流程改进措施，并不是相互矛盾或者相互对立的关系。事实上，正如我们在第三章和第四章中所论述的那样，通过实施流程管理的流程，价值导向型业务流程管理将帮助你在企业中运用业务流程管理的方法和工具，适当地进行流程改进。但是，如果你设想那些方法和价值导向型业务流程管理拥有相同的目标和应用范围，那么你就犯了个错误。

究竟是什么使价值导向型业务流程管理与众不同呢？答案是，价值导向型业务流程管理是一种管理规则。正如我们在第一章和第二章中所阐述的那样，价值导向型业务流程管理是一种综合全面的方法，它试图将价值作为一种组织规则。在企业运转中，哪些是重要的方面，哪些是不重要的方面，这种规则为我们提供了一个系统性的评估方法。之后，它运用多种多样的业务流程管理实践，从理论层面为企业提出改进意见。价值导向型业务流程管理宣称，流程管理的流程是如此基本的实践，它应该应用于企业的每一个部门之中。当然，其他管理规则也可以采用相同的方式。

流程改进措施帮助你审查并改进流程，使它更有效率。但是，这些措施并不一定能帮助你决定应该首先审查哪些流程。然而，运用价值导向型业务流程管理，你就可以判定哪些流程是最重要的，以及哪些改进能够帮你更好地运营企业。正如我们在第四章中所论述的那样，路线图的产生过程就是一种选择并改进目标流程、同时改进整体业务流程管理能力的系统的方法。

鉴于大部分从业者都热衷于运用流程改进方法，我们作为价值导向型业务流程管理的支持者，经常需要进行如下解释：这种管理方式既不是六西格玛、精益生产或全面质量管理的同义词，也不是这些管理方法的复制品。我们曾与世界上的许多企业进行谈话，宣称价值导向型业务流程管理应该在更高层面得到实施；它包含以上这些方法。从某种程度上说，本章重复或重申了那些谈话的内容。

价值导向型业务流程管理同时关注流程改进措施以及组织原则，这样你就能够实现并长期维持改进的价值了。正如图 5-1 所示的那样，当你采用适当的干预措施，将重点放在业务产出上，建立一种持久的治理

第五章 价值导向型业务流程管理如何优化流程改进措施的影响

方式,并且将其贯彻到日常的组织文化之中,那么业务水平就会提高。

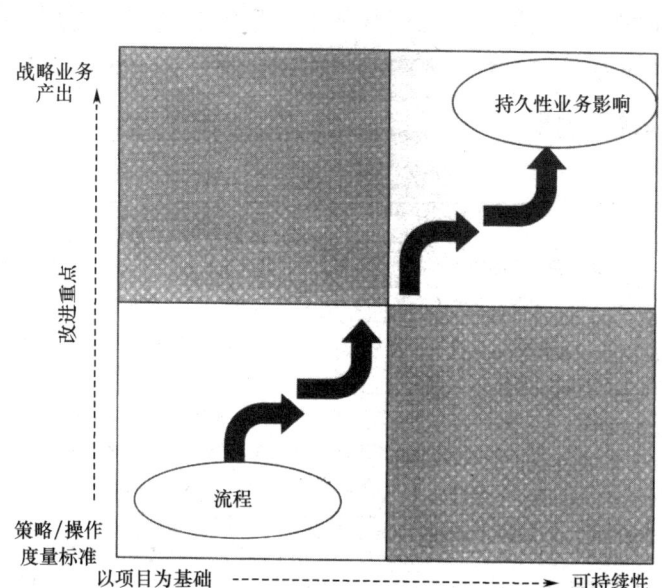

图 5-1 价值导向型业务流程管理的重点:持久业务影响

因此,价值导向型业务流程管理很容易与所有这些流程管理方法"和谐共处"。这是因为,一旦你确定了流程的战略优先次序,你就能够决定采用哪些方法改进流程,而价值导向型业务流程管理可以帮助你决定了采用哪些流程改进方法。

本章的第二个目标是解释每种流程改进方法的个性,主要是指其特点和应用情境。这样,你作为价值导向型业务流程管理的从业者,就可以了解如何或何时应用它们了。价值导向型业务流程管理帮助你决定何时采取大变革(业务变革),以及何时实施渐进式改革(如 Kaizen "改善"所主张的)。另外,在企业决定应该何处或如何进行变革或改进时,价值导向业务流程管理也发挥着关键作用。

表 5-1 中给出了一些主要的标准流程改进方法及其应用案例,我们特地采用一般定义来凸显它们的重中之重。关于这些方法在业务流程管

理中的价值体现，还有许多的案例。

本章围绕流程改进方法的四种基本类型的交叉部分展开。通过应用价值导向型业务流程管理，企业可以更完美地协调这些方法，将其与价值产出紧密联系起来。

表 5-1　流程改进方法

方法	描述	使用条件
精益生产	认为除了为终端消费者创造价值之外的成本支出都是浪费，因此目标是减少浪费。从消费产品或服务的顾客的角度出发，"价值"被定义为他们愿意付费的行动或流程。[1]这种方法提供了能够加速企业运转的流程	"成本太高，时间过长。"
六西格玛企业战略管理	六西格玛企业战略管理试图辨别并去除导致流程缺陷（错误）的原因，减少制造流程和业务流程中的变量，从而改进流程成果的质量。它运用一系列质量管理方法，包括统计方法，在组织内部创建了一个特殊的"基础设施"（"黑带""绿带"等），该"设施"由熟悉这些方法的专家构成。组织内实施的每一个六西格玛项目，都遵循一种严格的步骤程序，并将财务目标量化（降低成本或增加效益）[2]	"业务结果的变量太多。"
精益六西格玛	精益生产和六西格玛企业战略管理的组合[3]	"业务结果的变量太多，流程成本太高。"
定义、测量、分析、改进、治理（DMAIC）	应用于改进现有业务流程的项目，DMAIC 包括下列步骤： • 定义问题 • 确定现有流程的关键部分，反映相关数据 • 分析数据，从而调查并核实原因与结果之间的关系 • 改进或优化现有流程，初步建立流程能力 • 控制流程的未来状态，确保在形成流程缺陷之前更正任何偏离目标的行动[4]	"我们需要一种系统方法，改进这个流程。"
三六西格玛设计策略（DMADV）	用于创建新型业务流程。DMADV 遵循以下步骤： • 定义那些符合客户需求和企业战略的设计目标 • 测量并定义 CTQs（关键质量特性）、产品能力、生产流程能力、和风险 • 分析开发和设计方案，进行高水平的设计，评估设计能力，从而选出最佳设计方案 • 关注设计细节，优化设计方案，准备进行设计验证。这个阶段可能需要模拟流程 • 对设计进行核实，设置初步试验，实施生产流程，将它交给流程负责人[5]	"我们需要一种新型业务流程。"

第五章 价值导向型业务流程管理如何优化流程改进措施的影响

（续）

方法	描述	使用条件
六西格玛设计（DFSS）	DFSS 是为六西格玛企业战略管理而设计的（普遍认为与 DMADV 的功能相同。）[6]	"我们需要一种新型业务流程。"
全面质量管理（TQM）	全面质量管理是一种进行持续改进的方法，它有九种惯用实践： ● 跨功能的流程设计 ● 流程管理 ● 供应商质量管理 ● 客户参与 ● 信息和反馈 ● 领导层的支持 ● 战略规划 ● 跨功能培训 ● 员工参与[7]	"质量不过关。"
质量功能展开（QFD）	质量功能展开这种方法将用户需求转换为设计质量，实施相应的方法，从而确保子系统和零部件以及制造流程中具体环节的设计质量[8]	"我们需要一种方式，将用户需求和具体改进明确联系起来。"
Kaizen	（日语汉字：改善）为日语中的"改进"或"好转"之意，指的是一种将流程持续改进作为关注点的理念与实践。其重点是团队作业，使全体员工参与其中，运用一种科学方法，准确地发现施行改进的机会，并减少浪费[9]	"为了实现流程目标，我们需要员工之间更紧密的凝聚力。"

注：
1. John F. Krafcik, "Triumph of the Lean Production System," *Sloan Management Review*, 30, no. 1 (Fall 1988): 41–52.
2. Mikel Harry and Richard Schroeder, *Six Sigma* (New York: Random House, 2000).
3. Mark O. George, *The Lean Six Sigma Guide to Doing More with Less* (Hoboken, NJ: John Wiley & Sons, 2010).
4. Joseph DeFeo and William Barnard, *Juran Institute's Six Sigma Breakthrough and Beyond: Quality Performance Breakthrough Methods* (New York: McGraw-Hill, 2004).
5. W. Edwards Deming, "Out of the Crisis," MIT Center for Advanced Engineering Study, 1986.
6. Subir Chowdhury, *Design for Six Sigma* (Chicago: Dearborn Trade, 2002).
7. Kristy O. Cua, Kathleen E. McKone, and Roger G. Schroeder, "Relationships Between Implementation of TQM, JIT, and TPM and Manufacturing Performance," *Journal of Operations Management*, 19 (2001): 675–694.
8. Joseph P. Ficalora and Lou Cohen, *Quality Function Deployment & Six Sigma*, 2nd ed. (Upper Saddle River, NJ: Prentice Hall, 2009).
9. Masaaki Imai, *Kaizen: The Key to Japan's Competitive Success* (New York: Random House, 1986).

应用价值导向型业务流程管理实施流程改进的四种类型

为了协调这些流程改进方式与价值导向型业务流程管理之间的关系，了解以下两点至关重要：每种流程改进方式的个性，价值导向型业务流程管理改进方式实施的方式。

根据这些流程改进方式的出发点以及它们的解决方案属于组织型（基于人）或是技术型（基于信息技术），我们将流程改进方式分为四类。如果将这四种类型作为一种组织原则，你就能更好地推断在任何时候、在特定处境下企业应该运用何种流程改进方法了。

- 自上而下：这些活动通常由高管集中安排，它们影响整个组织，主要处理端对端的流程或主要业务。
- 自下而上：这些活动是典型的战术方法，用以改善单个流程和部门工作流程以及组织中的少部分子流程。
- 以人为中心：这些活动的主要针对组织中的活动和工作流实施改进。
- 以信息技术为中心：这些活动大多包含自动化操作。

在实践中，我们通常将这些方式结合起来。表 5-2 列举了一些流程改进计划的案例。

表 5-2 流程改进计划分类示例

改进方式	以人为中心	以信息技术为中心
自上而下	业务流程变革，流程再造	ERP 的实施于优化
自下而上	改善，精益，六西格玛，全面质量管理	业务流程管理系统，部门工作流程

如今，我们已经了解了这 4 种类型。我们可以简单回顾一下每一种类型，讨论价值导向型业务流程管理如何帮助从业者选择并应用正确的方法，发挥它们的最大作用。

业务流程改进（自上而下，以人为中心）

企业在进行业务流程改进时，有两点是非常重要的：不仅要重新设计并定义流程，而且要考虑相关流程和预期收益。运用价值导向型业务流程管理，你可以辨别出那些能从干预措施中受益的流程，并更好地理解所有改进所产生的具体影响。我们所进行的干预措施会影响整个组织，流程管理的流程保证这措施具有战略重点。为了延续这些改进，价

第五章 价值导向型业务流程管理如何优化流程改进措施的影响

值导向型业务流程管理范畴下的业务流程改进，也意味着将业务流程管理的辅助功能进行整合。例如，人力资源、财务和法律事务这些涉及整体业务的部门。

业务流程改进的目标明确

我们可以将业务流程改进或任何大型流程改进方法，看作是一束"激光"。这束激光可以瞄准现有流程中存在的问题，并减少那些与战略目标不一致的活动和"故障点"，以免影响组织流程的正常运转。在过去，这束"激光"的效果非常显著，但它必须被应用于企业中的适当位置才能产生最大效益的回报。

价值导向型业务流程管理的重点，是企业中最具有战略价值的部分。它有两个基本目标：将资源集中应用于合适的流程；保证流程的正常运转，以产生实际成果。当组织开始改进流程时，改进负责人经常发现自己一直做着无用的"as-is"和"to be"的修正活动。这种努力确实值得欣赏，但最终结果却是制造了大量书面文件，理论上斗志昂扬，实际中却庸碌无为。价值导向型业务流程管理能够帮助企业集中力量处理合适的流程——它认为合适的地方——并为如何实施改进、产生实际成果绘制了一张路径图。

> **一家化学公司的改进目标明确**
>
> 一家化学公司的改进项目，堪称一个典型案例。它展示了如何应用价值导向型业务流程管理，明确改进重点，为改进活动确定先后次序。这家公司的重中之重是要降低劳工成本，几乎每一个改革项目都将这个目标作为重点。该公司应用了很多不同的方法，从增强自动化操作水平到外包业务流程。尽管尝试了很多改进活动，这家工厂的财务业绩依旧保持在平均线以上而已，却无法大幅前进。管理层运用价值导向型业务流程管理来评估现状后才发现，企业的能源使用效率其实非常低。企业对降低劳工成本这件事过于迷恋，导致了它忽略其他的改进机遇。价值导向型业务流程管理的显著优势之一就是它能够打破偏见或先入之见，明确企业中能够产生最大成果的区域。

业务改进的合适范围

业务改进项目失败的主要原因之一，就是从业者在开始实施活动时针对的范围太小。业务改革是针对整体组织的改变，不只是对一种流程稍做调整。很多时候，由于各种各样的原因，业务改革频繁地缩小规模，直至成为一种小规模的流程改进项目。

在《企业再造》（*Reengineering the Corporation: A Manifesto for Business Revolution*）一书中，迈克尔·哈默和詹姆斯·钱皮将业务改革定义为"一种自上而下的，以战略目标为中心的方法"。[1]在第四章，我们展示了在能力评估模型中如何辨别那些能够从干预措施中获得最大效益的流程。而哈默和钱皮对业务改革的定义正与这种能力评估模型类似。业务流程再造（BPR）更加注重战略重要性，它与干预措施非常类似——为改进流程而做出的实际改变。从这个意义上说，业务流程改进是所有流程改进活动的总和，包括精益生产、六西格玛和全面质量管理。根据哈默和钱皮的定义，这些方法都是流程改进再造的子集。

运用价值导向型业务流程管理实施业务改进的方式，包括自上而下的战略性、董事会层面的思考，以及自下而上的"as-is"状态的对如今流程工作模式的精确描述。价值导向型业务流程管理可以帮助你识别存在问题的主要环节，帮助从业者决定在哪里实施业务流程再造，从而改进整体流程。正如我们在第四章中所展示的，对于绘制一张通往价值导向型业务流程管理的路线图所进行的分析，客观上突出了那些能够产生更多价值的流程。价值导向型业务流程管理为流程改进活动确定重点，并持续保持改进成果。

通过实施路线图分析，企业能够确定：哪些流程能够使其在市场中脱颖而出，哪些流程是标准流程，以及哪些流程发展不充分，或干脆被遗漏。接下来，流程改进方法可以应用于那些对企业影响最为关键的领域。我们之前说过，企业具有使自己与众不同或在市场上领先的能力，而15%~20%的流程对这种能力起着至关重要的作用。企业应该重点改

第五章 价值导向型业务流程管理如何优化流程改进措施的影响

进这些流程，使其发挥作用。

> **"脱离语境"的业务改革**
>
> 作为业务流程改革项目的一部分，一家运输公司设计了一种订单管理功能，主要用来在订单输入时将产品和财务信息结合起来。它的目标是加速将订单转为产品：在订单产生之时就将其转为产品，而不是等待公司将订单转为产品指令的之后再转为产品。
>
> 不幸的是，这家公司仅仅针对订单管理功能进行改进，它并没有审核从订单到产品的端对端的整体流程。这家企业并没有落实关于生产问题的技能培训，或者协调生产方面的信息。因此，这个项目最终被束之高阁，从未得到实施。价值导向型业务流程管理可能帮助企业将这个改进项目放在"合适的语境"中。它也能帮助公司掌控大局，包括所有相关流程，以理解其对员工技能和能力的影响，以及必须对这些技能和能力做出的改变。
>
> 另一家公司去除了销售文件中的全部技术信息，意在优化销售流程，结果却发现为此不得不增加生产部门的人力和时间，以搜集以往在销售流程中收集的信息。由于公司太过注重优化一种操作，却未曾考虑端对端的流程和其实施环境，因此这种销售至产品的周期效率并未提高，反而比之前还增加了一周。

流程改进方法（自下而上，以人为中心）

价值导向型业务流程管理是流程改进方法的有益补充，因为它在将企业作为一个整体来考虑的基础上，为选择和展开这些流程改进方法提供了一种指导性的框架。业务流程管理为企业提供了线索，表明在某些场合某种流程改进方法可能是最合适的。

在以人为中心的流程中，价值导向型业务流程管理可以指导企业对一种流程改进方法进行灵活应用，如六西格玛或精益生产。与其在每个流程中应用六西格玛，不如将重点放在那些具有最大影响力的流程，从而增加投资的回报。

相反，价值导向型业务流程管理也可以帮助企业准确定位那些能够从产业化或创新中获益的流程。那些应用价值导向型业务流程管理的企业能够更加精确地运用六西格玛，使其成为一种功能强大的工具。如果企业以价值导向型业务流程管理为原则，那些基础工具，例如 Kaizen（日语：改善），就会产生更大的效益。

持续改进为工厂创造效益

许多企业在实现卓越运营的"旅途"中，充分意识到建立并运行持续改进项目的显著成果。其中一个案例，一家全球性化工厂，成立两年，渐入颓势，却奇迹般地发生了好转，公司将原因归结于卓越运营计划。这项计划通过运用操作评估、项目组合开发/优化、精益六西格玛能力建设、部署设计以及执行，解决了很多顽固性问题。与这种执行能力相匹配的是着重于建立有效的持续性改进的基础设施，包括拥护者、赞助商和 BPM 卓越中心。为了得到持续的改进成果，这个项目也得到了领导层的大力支持和拥护，并采用了严谨的绩效管理原则。通过业务执行环节的精心努力——从采购、产品研发和制造到商业化以及全部辅助工作——这家公司将收入增加了超过 1%，实现了质量改进，加速了周期循环，股价大约增长了十倍——公司将此归因于持续的利润回报、营运资金的改进以及投资者自信的重新建立。

正如本章之前所描述的，持续性改进项目可以产生巨大价值，这方面有很多例子。化工厂如何做得更好，或者如何运用价值导向型业务流程管理实现更大增长？在这个案例中，我们提出了很多论点。

通过将流程文件化，并完善流程所有权和自我治理，不仅可以提高

第五章 价值导向型业务流程管理如何优化流程改进措施的影响

透明度、加速部署、支持合规性,而且可以帮助组织建立一种新型、快速应变的能力(灵活性)。如果你牢记"唯一不变的是改变"这句格言,那么,为了开发流程资产并建立一种规范的流程管理的流程,你就需要持续地设计、改进和展开流程,从而使这些流程更加有效率,也更加稳健。举例来说,流程管理的流程使效率成为可能,因为你再也不需要为现有的流程绘图。企业在开始实施改进活动时,与其绘制出如今的状态然后努力改进,不如直接展示曾经得到公司一致同意的流程或改进的流程,然后立即开始实施差距评估。你应该将精力和努力放在真正的流程创新活动上,而不是讨论或调查当前流程的真实状况。除此之外,流程变革和改进使企业拥有了一种新的速度和灵活性。因而,复杂多变的市场、消费者和管理要求就转变成为一种机会,而不是管理的干扰因素,或是业务成本方面的压力。

通过这些有准确定义和备案的流程,我们就可以进入另一个层次,使技术能够带来效益。通过流程改进和标准化,你就能够充分利用自动化所带来的益处,有效地锁定甚至扩展这些益处,同时也有能力对其进行有效测量和监控。

价值导向型业务流程管理能够将企业战略和目标以及流程和执行紧密结合起来。企业中的资源(人、时间和资金)非常匮乏,因此,你需要将它们持续地应用于战略重点;随着时间的改变,不断地优化这些资源。这样,你才能得到投资的最大化回报。上述行为最好与特定战略产出相一致,并根据企业优先处理流程的改变再次确定战略重点。

我们学到的经验教训是,流程改进项目必须和业务流程管理观念携手并进:企业不仅要驱动或维持效益,同时支持一种流程卓越文化,而且要提供新的业务灵活性以及基于流程的优势。这种观念对最好的、正在创造竞争优势的持续性改进项目也是正确的。

价值导向型业务流程管理为持续性改进以及个体干预活动确定了先后顺序。一旦组织从干预所带来的混乱中恢复到一种平稳的日常运作,为了维持改进的成果并继续寻找新的改进机会,就需要来坚持某些原则。

动荡中的六西格玛

一家政府机构曾花费六年时间，大规模地实施一项六西格玛项目。一支"黑带"军队"迅速无情"地席卷很多部门——也许在他们看来是这样。在我们第一次与领导层见面时，我们的问题是"这个项目是如何影响企业成本的？"他们回答说，他们已经花费了150万美元，但是仍然不能解释如何改进成本管理。这个项目并不是一次彻头彻尾的失败——它已经显著改进了许多流程。但是，对于那些需要知识和创新的流程，这个项目只是提高了它们的效率。在下游的流程中，这样做会导致一些错误，而这些错误需要其他部门做出补偿。显而易见的是，六西格玛所允诺的"节省"在某些程度上实现了，但它事实上却导致了其他领域的复杂性和成本的提高。六西格玛在某些现有流程中进行了一些渐进性的改进，但这些改进却与预期效果相差甚远。——事实上，企业需要创建新流程，并对现有流程做出巨大改进。

发生了什么？这家企业试图运用六西格玛工具来同时改进所有流程。一旦我们加入进来，我们就能够帮助领导层透过"树木"（迷恋于单独流程改进工作）来看到"森林"（与流程改进相关的价值产出）。然后，这家企业逐渐了解到，价值导向型业务流程将改进活动进行分类并强调了改进单个流程的替代方法，了解了应将六西格玛能力应用于何处。

我们获知的正面消息是，这家企业已经建立了卓越的六西格玛能力。通过应用流程三角法（正如第四章中所描述的）以及辅助性业务流程管理工具（比如模拟活动），这家企业能够迅速产生实际效益。

价值导向性业务流程管理是企业在持续性改进活动中确定优先工作的有效方法。企业仍然存在自上而下的分析，但是，业务流程管理的应用倾向于在一种更落地、更精细的水平上，与诸如"Kaizen"这样的

第五章　价值导向型业务流程管理如何优化流程改进措施的影响

流程改进方法相互交叉。

正如第四章中所描述的，不断重复进行流程价值分析，企业就可以持续实现改进。与此同时，路线图和优先处理流程也持续加以调整，因此，持续性改进也成为流程管理的流程的一部分。

业务流程管理和 Kaizen

Kaizen 重点关注那些独立于每个层次级的、小型的、可实现的任务，从而实现流程的渐进改善。此类改善可以从优化活动中获益。与其鼓励员工"始终改进所有流程"，导致工作日不堪重负、改进不完整，并削弱 Kaizen 理应建立起来的士气；倒不如应用价值导向型业务流程管理，围绕关键价值动因组织和实施改进活动。Kaizen 强调团队合作，如果团队成员能够衷心支持，并充分理解他们的共同目标，那么这种方法的作用就能发挥到极致。通过确定关键价值驱动因素，并应用流程改进矩阵，价值导向型业务流程管理就可以帮助企业辨别出共同目标。举例来说，如果价值导向型业务流程管理将客户服务改进作为目标，那么 Kaizen 活动的日常改进活动就应该将重点放在客户服务上。这样，就增加了企业实现重大改进的机会。

价值导向型业务流程管理和其改革（自上而下的，以 IT 为中心）

价值导向型业务流程管理也可以将价值和流程意识深藏于那些通常被认为不具有任何战略性的项目之中。举例来说，当企业实施的改进项目作用于那些对价值产生起关键作用的流程，并将那些支持"上下文"——为了继续实施这些流程，每个企业必须进行的常规活动——的流程标准化时，IT 系统升级（比如 ERP 版本更新）会具有更深远的影响。

绘制一张如第四章中所述的路线图，可能会揭露出一个事实：许多流程与 IT 能力密切相关。因为在大多数企业中，IT 的应用非常普遍，一两项 IT 改进也可能会影响许多不同的流程。从业者通常会实施很多项 IT 改进，其中哪些改进会产生最大影响？我们可以运用价值导向型业务流程管理，更加有效地实施这种自上而下的、基于 IT 的活动。

根据 IT 能力对价值产生过程的影响，价值导向型业务流程管理可以帮助企业进行能力排序。结果通常是，那些不成熟的但具有高影响力的能力会得到企业的优先处理。应用价值导向型业务流程管理，企业可以更好地理解这些 IT 如何服务于业务目标。在流程框架的描述中将"做什么"和"需要改变、增加或改进的技术"这两者关联起来，是一种高效的实践。举例来说，实施常规的 IT 升级，为企业提供了一个使升级更加有价值的机会，因为它能够将升级与企业期望的产出联系起来。

IT 改进和流程之间的关联非常模糊，其原因之一与软件产业的变革有关。这个行业曾经属于咨询行业，通过建立自定义的应用程序来解决具体业务问题，而如今已经变为一种商业化的产业，能够生产高度标准化的产品。从本质上来说，如今许多的 IT "改革"就是升级，这正是 IT 所期望的，因为升级的成本最低，故障却最少。

这导致企业错失了改进流程以及 IT 环境的良机。我们的目标只是在现有流程中应用新技术，将新技术转换为一种应用。公司可能会运用它长达多年，但却从未进行过分析，在你这样做之前这个流程实际上是否起作用？

将业务流程管理的"激光"对准一家大型全球服务公司（自上而下，以IT为中心的活动）

一家大型全球服务公司正在确定支持其每项业务流程的应用程序。在能力评估中，这家公司发现有几个部门运用多种应用程序来完成相似的流程。因为公司需要信息技术的支持以升级和维持许多不同的应用程序，所以，缺少一种标准化的方法会损害企业的底线。

客户与我们携手合作，采用行业参考模型，开发了一种记录业务流程的方法。与其他公司相比较，这种方法是为公司定制的。调查结果存放在业务流程管理的储存库中。通过业务流程管理变革的业务流

第五章 价值导向型业务流程管理如何优化流程改进措施的影响

程管理子流程，我们对业务线和 IT 员工进行培训，告诉他们与行业专家进行座谈讨论的最佳方法，并选取最佳实践，建立了 BPM 卓越中心。这也帮助公司决定了去除哪些流程，并在二次开发时采用一种流程视角——借助存储库——这样，公司可以将未来的应用程序与业务目标更紧密地联系起来。

在本案例中，业务流程管理的"激光"只对准了一类具体问题——冗余的应用。这些应用浪费公司的成本，削减它可以节省开支。与此同时，公司也改进了流程设计，并实施流程管理的流程——一种可以应用于公司其他部门的原则。通过应用价值导向型业务流程管理，公司的 IT 系统会发挥更大的作用。

价值导向型业务流程管理：修补 IT 与业务之间的裂缝

价值导向型业务流程管理不仅在企业内建立了一种整体意识，从而更好地理解技术如何支持业务流程；它也优化了流程改进及辅助性软件。从这两点来说，价值导向型业务流程管理可以成为传统技术格局的一种组织技巧。

经过坚持不懈的努力，一家公司终将可以创建一种具有极大灵活性的 IT 基础设施，用来消灭许多存在于信息技术、执行和业务之间的障碍。如果企业理解了如何应用价值导向型业务流程管理，IT 部门就能够确定优先处理的软件，从而更好地为业务效力。

本书第一章的要点之一是信息技术正在向新的广度扩展，但是软件更加小型化。对于首席信息官们来说，他们面临的主要挑战之一就是确认一种新型信息技术能力是否与业务相关，应该在何时忽略或评估它。价值导向型业务流程管理为企业提供了一种透明度，这样首席信息官可以自信地做出决策。在评估一种新技术时，首席信息官首先观察最终的候选流程，这些流程是流程改进活动的重点。然后他会问："这种信息技术能力能否改进这些流程？"最初，回答这个问题很不容易，但是在对几种技术做出分析后，他会更加清楚流程的需求。这位首席信息官会懂得哪些是非常重要的能力和信息，以及哪些流程步骤会花费很长时间等。通过理解哪些是重要的流程，并研究它们，在这个新技术激增的时代，这位首席信息官就拥有了一种强有力的工具，为信息技术进行分类。

价值导向型业务流程管理和自下而上、以IT为中心的改进

从业者在应用信息技术时采用以流程为中心的视角，为适应日新月异变化的世界做好准备。也就是将信息技术看作一种技术基础设施，与流程理解和设计分离开来，业务分析师可以将信息技术包装为辅助流程的一系列服务。这种包装可以降低改进的成本，因为随着流程不断适应改进活动，你可以将服务进行组合，或将服务重组，这也增加了能够研发并适应解决方法的员工数量。通常来说，这些方法会对参与流程的具体角色起到辅助作用。

我们可以将服务这个词作为一种应用软件构件的同义词，它提供具体的结果，用来辅助业务流程中的一到几个功能。这些服务将 IT 塑造成为一种以流程为中心的资产，将底层交易系统抽象化。服务为企业提供了一种更灵活的设计流程的方法，并将这些流程与信息技术合并，而不是应用传统的命令控制型 ERP 系统进行自定义扩展。在 ERP 系统中，服务也可以称为功能，它允许用户或应用程序直接呼叫 ERP 系统中的某个功能，它可以提供一些输入数据，或读出一些输出数据，并存储适当的结果。

服务的一个简单例子，是实时的库存检查。比如说，你正在参加 9 月份的高尔夫球赛时，听到一位朋友正在准备假期季的一份大礼，于

第五章　价值导向型业务流程管理如何优化流程改进措施的影响

> 是你想知道自己公司产品在商店的销售情况以及仓库中的库存。这时候，你可以用手机来迅速地核查这些信息。在上述场景背后，一项服务会向 ERP 系统请求调出库存信息，并减去已通过零售商店售出的库存商品数量。

实际上，企业可以创建一种服务导向型框架（SOA），直接为用户提供具体服务，并将潜在的交易系统抽象化。然后，从业者可以将企业业务运营方面的知识、专业技术和策略嵌入到 IT 系统中，如规则引擎（在第七章中，我们将看到对 SOA 的详细讨论）。

对于应用价值导向型业务流程管理的从业者来说，在底层的技术中应将流程设计逐渐抽象化成为一种优势，因为他们曾经专注于做出基于技术的流程决策（例如，在软件缺陷方面的设计或改革流程），如今他们可以轻松地将重点转向做出基于价值产出的流程决策。流程设计和执行之间的关系变得更加紧密，流程管理的流程的改进是与改革相关联的。

再次声明，就像"在外科手术中，将血液循环与身体其他部分相分离"一样，采用类似的方式改进单个流程，很可能会遭到失败。

没有方向的加速

> 一家保险公司发起一个"宏伟"的项目，试图加速处理索赔的进程。这一计划旨在实现全部索赔流程的自动化。这个"临时应急"的项目如此专注于流程加速，以至于从业者忽视了一个事实：这家公司正在处理七种不同类型的索赔，而他们选择的自动化系统只能处理其中三种。这意味着在流程前端的人可以指派流程，决定可以将哪些索赔自动化，不能将哪些流程自动化。为了人工处理这些处于流程末端的非自动化的索赔，企业实际上增加了员工的额外工作，而并未节省下任何劳动力。当采用一种价值导向型业务流程管理的视角后，这家公司可以辨别出流程中的所有目标，并且为相应的自动化操作和计划确定最优的目标流程。

本章的论点非常简单。很多公司不需要在六西格玛、精益生产以及其他流程改进方法和价值导向型业务流程管理之间做出取舍。同时选择两种方法是完全可行的，企业更加重视以流程为中心，也是非常明智的选择。

本章注释

1. Michael Hammer and James Champy, *Reengineering the Corporation: A Manifesto for Business Revolution* (New York: HarperBusiness, 1994).

第二部分
建立一个价值导向型的组织

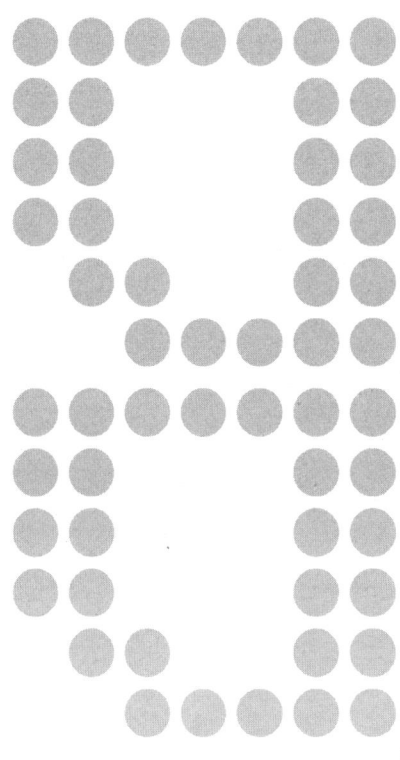

第六章

建立一个价值导向型业务流程管理的组织

本章将论述为了应用价值导向型业务流程管理，你需要将组织的各个方面落实到位。而在第七章中将描述价值导向型业务流程管理的技术工具，第八章则将概述流程模型管理、参考模型和流程部署。

除非有专人负责实施价值导向型业务流程管理，否则将一事无成。除非它被"嵌入"组织中，否则将一事无成。如果价值导向型业务流程管理不想成为"一次性项目"，那么在第一章中提到的能力模型中，企业所有部门都需要"吸收"业务流程管理的知识。这样，价值导向型业务流程管理才能成为企业中流程实施方式的一部分。除此之外，企业中应该存在一个拥有核心认知能力的部门，用来管理并指导业务流程管理的"零散部分"。例如，人力资源部门监督组织实施各种人力资源流程。

换句话说，为了将业务流程管理作为一种管理规则，为了使所有参与者都了解自己的责任、任务和"剧情"，企业应该建立一个业务流程管理的管理组织。通常情况下，BPM卓越中心（CoE)就是这样的一个组织。BPM卓越中心负责管理业务流程管理的流程，并研究如何将它与组织融为一体。我们可以说，BPM卓越中心是策划和协调实施价值导向型业务流程管理的"大脑"。

融合（integration）是个关键词。业务流程管理和其他相关流程改进措施，并没有局限于固定的计划，因为很多关于流程的先进思维方式还处于尘封状态，在大型企业的日常企业中并未得到应用。因此在整个企业中，BPM卓越中心的作用不仅是建立流程方面的卓越，而且要支持并执行流程卓越。BPM卓越中心引导企业实施一种流程。这样，企业的其他部门也能够"吸收"业务流程管理。记住，这件事不能一蹴而就。企业可以进行一些教育活动，包括赋予BPM卓越中心外的流程一些角色，使每个人学习这种流程卓越，使它融入员工的日常生活中。这时，"业务流程管理团队"就不再是一个独立的团队——而是每个组织单元的一部分。这时候，流程就成为一种竞争优势。它的重要性得到提升，并成为企业形象的一部分。

企业通往未来的路途充满挑战，但这些挑战是可以克服的。应用价值导向型业务流程管理的从业者会与这样的问题"做斗争"，例如：

- 我们的企业如何确保自己的业务流程管理能力，不仅仅是在坐在后

第六章 建立一个价值导向型业务流程管理的组织

台的一帮人制造出来的流程模型和报告?
- 我们的企业如何确保业务流程管理活动是企业改革章程的重中之重,并与价值密切相关联?

BPM 卓越中心需要将组织看成一个市场。这种思维方式提醒每一个人:当流程卓越与具体产出——市场中的产出相连接时,它才会为企业带来价值。你不能将价值导向型业务流程管理强加于企业之中。只有通过创造业务奇迹,人们才会真正地相信这种管理规则,企业才会真正地吸收这种思维模式。

在价值导向型业务流程管理的背后,是企业管理部门的权威领导力在背书。线索在这个定义中——"管理规则"。企业管理部门促进推动价值导向型业务流程管理,而 BPM 卓越中心给予支持。当然,BPM 卓越中心的上级也是管理部门的一部分。

作为企业中带头拥护实施流程卓越的部门,BPM 卓越中心在企业内进行文化变革,从而支持价值导向型业务流程管理。这实际上是许多公司漏掉的一个步骤,因而其作用和优势并未得到利用,这种现象如同没有四肢的大脑。优秀的执行文化和变革管理计划会使企业正在建立的实用能力会发挥更大的作用。

流程部门究竟有多么重要呢?在成功实施业务流程管理的企业中,大约 94%拥有一个正式的 BPM 卓越中心或流程管理部门。在这些企业中,67%的企业承认,业务流程管理比他们预期的还要先进。

什么是流程部门?为什么我会需要它呢

在企业中,为了使价值导向型业务流程管理有一席之地,你需要建立一种以流程为中心的文化,确保员工都能够推动这种管理规则。流程组织有三个主要部分:BPM 卓越中心、流程部门和一种以流程为中心的文化。

业务流程管理的 BPM 卓越中心

业务流程管理的 BPM 卓越中心可以是集中式的、去集中式的或者是两者的结合。BPM 卓越中心是这种管理规则的核心单元，负责成功地实施以及实时维护流程管理的流程，并执行这个流程的核心活动。BPM 卓越中心的来源和部门地位因企业的不同而不同，但毫无疑问的是，你需要一个组织，管理流程管理的流程，无论它开始时规模有多小。

> **"但是，我们可不需要一个业务流程管理部门"**
>
> 最近，我们与客户企业的一群董事会成员谈话，他们说："好吧，你们要讨论业务流程管理部门和 BPM 卓越中心诸如此类的事情，但是我们真的需要它吗？我们直接开展你们说的流程管理的流程，为什么不可以呢？我们在每个部门都采用业务流程管理，但是我们不需要一个业务流程管理部门。"
>
> 我们解释说："你可以对人力管理部门说同样的话，你的每个部门都有员工，他们需要领报酬，你需要做业绩评价，并且需要培训他们。人力资源部门可以完成上述工作，并为其他部门传达规则和指导方针。"
>
> "业务流程管理也是如此。如果你想在组织中有效地开展某种流程，如协同效应，并合理地应用它们，你就需要有人去管理这些事情，这些人就在流程部门之中。"

BPM 卓越中心将它的大部分时间用来实施价值导向型业务流程管理，并指导流程管理的流程。BPM 卓越中心规定了许多与流程管理的流程的定义、传播和持续性改进相关的角色设定。企业中的其他部门通过常规活动及特定的领导角色对 EPM 卓越中心给予支持，具体取决于公司中权力的范围和分布。BPM 卓越中心可能需要集中化管理，也可能是一种更加分布式的结构，有卫星群、个体组织单元或者地理分区。为了应用价值导向型业务流程管理，你的 BPM 卓越中心并不一定是一个彻底独立的部门。举例来说，它可能是你运营部门或 IT 部门的一项功能——这两个部门最常受到流程改进的影响。

根据企业的需求以及价值导向型业务流程管理的应用阶段，BPM 卓越中心可以决定自己的日常活动。如果企业只需要增加透明度，那么 BPM 卓越中心的主要作用就是创造和维护存储库，增加流程的可见度，这样每个人才能更加清楚流程的运作方式。BPM 卓越中心应该包括业务流程管理的操作（见第三章）的基本构成。任何流程改进都应该向 BPM 卓越中心报告，这样才符合企业目前的状况。

最初，一个 BPM 卓越中心可能只有几个人。然后，它会慢慢地发展起来。这个部门最初可能包括以下角色：BPM 卓越中心领导人、流程架构师、流程建模师和工具管理人。

然而在很多企业中，尤其是在刚开始执行价值导向型业务流程管理的活动时，一个人可能实际上担当着几种角色。类比人力资源部门的发展过程，是一种相似的模式。在公司刚刚成立时，首席执行官可能要签署所有的支票，而没有专门的会计师或审计官来做这些事。但是随着企业的发展，开始需要一个人力资源部门。相似的是，随着你建立一种涉及面更广的业务流程管理能力，随着价值导向型业务流程管理的活动逐渐增加，组织也会逐渐发展起来。渐渐地，你就建立了一种具备实际价值的、需要有效管理的资产。

> 没有 BPM 卓越中心，集中式的存储库和其他业务流程管理工具（尽管从其自身来说非常有价值）可能会成为过时的最佳实践文件组合。太多公司购买了软件，或是记录了大量流程，却没有明确的目标，或者并未与业务实际联系起来。他们会好奇，为什么没有人费心看一下自己辛苦创建的 600 个流程模型。企业创建了数据和内容，却不能够应用于流程，这对人力是一种巨大的浪费。举例来说，谁会创建一个零部件数据库，却忽视了采购流程呢！

流程部门

如果 BPM 卓越中心是价值导向型业务流程管理模型的核心，那么下一层就是流程部门。企业的某些部门在流程运行的过程中应用业务流程管理，这些部门就是流程组织。它们与 BPM 卓越中心合并，之后扩张到整个公司。因此，这个流程组织包括各个部门的流程负责人，如 IT、采购和人力资源。所有这些部门都应该与 BPM 卓越中心紧密联合。每个部门都应该能够直接联系流程组织。这样，这些部门才能支持流程管理的流程。

举例来说，BPM 卓越中心与业务相互影响，所以它需要流程管理的流程的支持者，如流程负责人。BPM 卓越中心与 IT 部门相互影响，所以它也需要方面的角色给予支持。流程组织的确切性质取决于你的需求。

一种流程文化

第三个部分是在企业中分布最广泛、最为综合全面的一个团体，与其说它是一个正式组织，不如说它是一种思维方式。这种思维方式通过 BPM 卓越中心的活动以及流程组织扩散到企业之中，并得到巩固。它帮助人们理解个体工作如何纳入价值导向型业务流程管理的"语境"之中。当人们选择应用业务流程管理的工具时，他们知道这些工具会节省时间并帮助实现企业战略。这样，企业就拥有了一种流程文化。如果企业拥有一种流程文化，人们就会了解端对端业务流程的概念如何为客户提供价值，以及他们各自的角色如何影响这种价值。从理想角度来说，任何实施价值导向型业务流程管理的企业都会将这些原则合并起来，应用于个人的工作角色之中。流程文化是价值导向型业务流程管理取得成功的关键所在，然而它可能也是最难测量的一部分。在本章中，我们随后将提供一些建议方法，在企业中建立这种文化。

第六章　建立一个价值导向型业务流程管理的组织

建立一个 BPM 卓越中心，提供流程治理

建立 BPM 卓越中心的正确方式，在很大程度上取决于企业的个性。在有些企业内，所有的成功都是集中式管理的成功。在另外一些企业中，成功则主要是因为企业按照指导方针，规范地应用流程。为了在企业中实施价值导向型业务流程管理，你在创建 BPM 卓越中心时，必须与企业现有的思维方式相协调。在我们所见到的组织中，每个 BPM 卓越中心的结构都有所不同。

最终，不管 BPM 卓越中心采取何种形式，都是流程管理的流程负责人。正如第四章所述，你的组织在按照路线图实施价值导向型业务流程管理时，BPM 卓越中心就像是一个动态的转换中心。你转动价值的开关，时刻关注其最佳实践。在大多数公司中，流程管理的流程中的业务流程管理的操作子流程是 BPM 卓越中心的第一次迭代。作为业务流程管理的操作的"管家"，BPM 卓越中心绘制并维护这张路线图。

当你建立一个 BPM 卓越中心时，需要将几件事牢记于心。首先，在建立业务流程管理能力时，你可能会发现新的角色和责任——考虑重建流程，经常导致你需要重新设计员工与工作之间的关系。新的角色可能出现在 BPM 卓越中心内，目的是为了实施流程管理的流程；或者出现在公司的其他部门，目的或是为了实施流程管理的流程，或是为了更好地执行操作型流程。

业务流程管理 BPM 卓越中心的起源和增长模式

正如之前所描述的那样，BPM 卓越中心可以实现有机增长。最初，它的规模是很小的。例如，它只针对一种流程建立能力。当企业的业务线有了新的要求，而且对整个企业产生了影响——比如自动化操作——此时，比起使每个业务单元负责各自的项目，公司可能会决定通过 BPM

卓越中心集中处理这些活动。应用流程管理的流程的每个新组员，BPM卓越中心将会产生新的"交付"、产品和服务，它将把这些带给整个组织——它的"市场"。伴随这些新的"交付"而来的，是新的角色和责任。随着这些角色的增加，企业的组织结构也会发生变化。

在每个组织中，BPM卓越中心的发展方式都不尽相同。最初，它可能是一个IT团队，其工作重点是集成方面的问题。然后，这个团队可能会开始补充业务线中所缺失的能力。在首席运营官的组织中，BPM卓越中心也可能是一个从业者改进传统流程的团队，他们逐渐接受一种被广为采纳的观念，同时深入到其他部门，培育这个BPM卓越中心。而在其他组织中，首席执行官可能决定将任务交给高层的战略副主席，从头开始建立一个集中式的BPM卓越中心。反过来，CEO为了实现战略的关键要素，可能会深入运营和IT部门。

总而言之，如果现有的某个团队和业务流程管理有一些相同的利益，那么从这个团队开始建立BPM卓越中心，是非常有效的做法。这样，你就不需要从零开始建立一种流程文化了。不管这种BPM卓越中心如何开始或是从何处开始，它通常都会发展起来，扩展到许多其他部门，正如价值导向型业务流程管理是整个企业的一种管理规则，事实上，BPM卓越中心可以从任何一个部门发展起来。

尽管对于BPM卓越中心来说，它需要拥有流程管理的流程，以提供指导，确定流程研发的结构和方向。但是，不是只有组织上层可以应用流程能力。BPM卓越中心的产生可以是自上而下的，也可以是自下而上的，或者是两者的结合，这取决于公司的性质。

尽管BPM卓越中心可以实现持续增长，但其增长并不是自动的。企业需要耗费很多精力，才能创建和维护一个有效的BPM卓越中心。你需要将实践、员工和工具紧密联系起来，从而创造价值。这样，企业才可以应用流程管理的流程，在促进企业价值导向型业务流程管理时继续取得预期效果。

建立BPM卓越中心的典型方法

在组织中建立一个业务流程管理的 BPM 卓越中心主要有三种方法，集中式、去集中式以及两者的结合（见图6-1）。

图6-1 建立一个BPM卓越中心的方法

在采用集中式方法时，整个企业只有一个 BPM 卓越中心。企业可以集中处理所有流程，实现最大的协同效应。交付成果是标准化的，也是一致的。流程的透明度更高，企业中只有一个关键点为此负责。举例来说，日本企业的业务文化就是集中式的，它用这种方法取得了极大的成功。

采用这种方法，企业可以严密控制流程管理的流程。但是，这样做也有一定的劣势。在特定处境下，企业在定制流程管理的流程取得成功时，客观条件和业务线的灵活性非常小。有时候，人们认为 BPM 卓越中心非常"专横"，"命令"全体部门和流程参与活动，而不是联合行动。人们认为技术过于集中，它们已经与企业失去联系。这支团队的工作情况可能并不均衡，有些人长时间无所事事，而有些人却非常繁忙。

如果企业运用去集中式的方法，那么 BPM 卓越中心就被安放在按地理分区的每个业务部门内。其主要优势是，它与特定区域或业务线之间联系紧密。企业可以运用专门定制的 BPM 卓越中心满足每个部门的特定需求，也可以直接放入与每个部门关系紧密的项目之中。在这个案例中，与 BPM 卓越中心相比，业务部门的权力更大。

然而，随着去集中式方法的应用，在企业实现最佳实践时，它们也错过了很多共享的协同效用。职责散漫，技术分散，依附性非常模糊，组织的每个业务单元的目标可能也不一致。

这种高度去集中式的模型并不适用于大部分公司，因为在业务单元之间或企业之间转移知识是非常艰难的。这种模型的最佳应用案例是那些已经高度去集中式的公司，比如控股集团旗下的许多公司，它们的目标可能是快速购买和销售其他实体以获得利润。

许多组织选择运用两者混合的方法构建业务流程管理的 BPM 卓越中心。正如其名称所暗示的，这种方法将集中式与去集中式这两种方法结合起来。在这个案例中，BPM 卓越中心是一种相对较小的集中式单元，它关注业务流程管理的管理方式。举例来说，企业的建模标准、治理定义、基础设施和存储库。它可能也包含流程设计和实施专家的共享库。业务流程管理的交付涵盖个体的、区域的或产品单元，这样客户可以联合起来，企业也可以维持当地的优化标准和基础设施。

这种混合方法的优势为：轻松地重新利用知识；应用流程专业技术；更好地利用资源；在业务单元和 BPM 卓越中心之间建立一种共同参与的意识（换句话说，它们感觉自己正在"同"BPM 卓越中心一起，而不是"为"BPM 卓越中心建立流程能力）。

这种混合方法的劣势为：流程改革的应用目标可能并不一致；流程负责人和实施者之间的联系可能会非常散乱或模糊；与高度集中式的方法相比，这种方法的职责可能非常散乱。

第六章　建立一个价值导向型业务流程管理的组织

一旦确定了 BPM 卓越中心的结构，企业的下一个任务就是决定如何使这个结构更好地适应组织。无论你选择哪一种方法，其他业务单元与 BPM 卓越中心之间的关系都应该进行明确。

BPM 卓越中心的角色与 IT 部门非常相似，其作用辐射到整个企业。在有些公司中，IT 部门和 CIO 直接向 CEO 报告。在有些公司中，根据技术的重要性和 CEO 的意愿，CIO 也可能向财务部门的 CFO 报告。在有些公司中，技术角色对每个部门来说都非常重要，因此 IT 部门要么向 CEO 要么向 CFO 报告，而且每条业务线都有一个附属的 BPM 卓越中心，致力于运用技术来满足业务需求。它们也运用流程，实现业务需求。

> 经常有人问我们："我们应该将新的 BPM 卓越中心放在何处？"我们经常简单地回复道："将 BPM 卓越中心放在那些'氧气'最多的地方，它才能够提供跨组织的服务。"在每个组织中，这些地方都不同。

总而言之，企业应该根据自己的情况，将 BPM 卓越中心放在合适的位置。在理想的状态下，企业将业务流程管理视为基本的管理规则，BPM 卓越中心处于很高的地位；甚至需要公司高层管理者来亲自领导，比如首席流程官（CPO）——这是第十章中我们将详细讨论的角色。我们看一下实践中的三种主要案例：

- 业务流程管理 BPM 卓越中心直接向董事会报告。
- BPM 卓越中心是 CIO 下属组织的一部分。
- BPM 卓越中心是 COO 组织的一部分。

不管 BPM 卓越中心被安置在哪儿，企业运用集中式、去集中式或者两者混合的方式，都可以在企业中建立它。

BPM 卓越中心之外的管理组织

尽管在企业中，BPM 卓越中心的目的是指导并管理流程的执行过程，但企业中的其他部门同时采用一种流程方法也是非常重要的。为了做到这一点，企业可以在每个部门中都建立业务流程管理的治理能力，以指导价值导向型业务流程管理的拥护者和领导者采用这种管理规则。治理过程帮助企业规定 BPM 卓越中心和企业其他部门的关系，也确保员工能够按照自己的意愿行事。

发展业务管理的治理能力需要引入 RACI，这是一种定义谁负责、谁批准、咨询谁以及通知谁的流程。[2] 采用这种流程，企业可以进行治理规划，建立业务流程管理的治理能力。

在建立 BPM 卓越中心时，企业最好能够了解两项基本设置。其一是一种"纯管理"的方法，它"尊敬"组织的其他部门，反应非常被动。其二是一种"积极主动"的方法：BPM 卓越中心维护自身的权威，在组织内设置一些管理实践的章程。例如，许多企业加入了类似流程委员会的管理团队，代表所有主要流程的负责人。你最好选择那些与企业的综合特质和流程需求相符合的 BPM 卓越中心；如果企业在最初创建 BPM 卓越中心时就存在文化冲突，那么它就很难产生积极的成果。

企业应该明确指出业务流程管理 BPM 卓越中心和其他部门之间的相互作用。现在让我们花点时间，来讨论一下业务流程的管理子流程中的 RACI（负责、批准、咨询和通知）方面。

可能出现的问题包括"业务单元之间如何相互作用？""如果企业需要改变一种流程，那会发生什么？"举例来说，假设业务单元的流程负责人负责初步活动改进，BPM 卓越中心要批准这个活动，包括分析现有流程以及设计改进。BPM 卓越中心咨询许多专家的意见，并且通知管理部门或受到影响的其他人。为了实施这个流程，我们可以采取很多方法，至于采取何种方法，则取决于企业。如果这个方法仅是组织方面的，那么业务单元就可以实施，由 BPM 卓越中心提供支持。如果在实施中信息技术的作用重大，那么 IT 部门可以获得 BPM 卓越中心的支持，共同改进这个流程，确保它遵循流程的指导方针。在以上两个例子中，企业在实施流程中可以咨询 BPM 卓越中心并将这些改进的信息通知到它。

但是，BPM 卓越中心并不是这些改进的领导者。

BPM 卓越中心主要充当一个管理单元的作用，等待着流程负责人去触发那个"点"并维护流程存储库，该存储库反映了企业需要的知识。通常来说，在 RACI 的用语中，企业只需要咨询和通知这种功能简单的 BPM 卓越中心。

在有些企业，BPM 卓越中心可能真的在 RACI 中起主导作用，对流程的发展承担着重大责任和职责。通常来说，在企业中实施价值导向型业务流程管理，会建立一个"积极主动"的 BPM 卓越中心。这个 BPM 卓越中心不只接受流程负责人的指示，而且主动进行改进。它也是一个持续性的研究机构，获取其他行业的参考模型，并提供切实可行的业务改革方案。举例来说，一家电信提供商拥有大规模的在线商业，它可能对零售领域的参考模型非常感兴趣，这样它就可以更好地组织商店陈列。BPM 卓越中心可以组织这样一个活动，帮助企业学习其他行业。

榜样角色和责任

业务流程管理组织的结构千差万别。表 6-1 列出了与组织范围有关的典型角色、功能和目标，以及这些角色所帮助的流程管理的流程领域。需要注意的是，随着时间的推移，许多业务流程管理机构已经从现有部门的一个操作型、策略性团队转变为一个独立部门。在成长过程中，这个业务流程管理组织最初可能由一个人扮演多个角色，之后它会扩展为许多个固定岗位。这里所说的角色并不是职称和职位说明的意思。最终，业务流程管理组织可能会继续成长，此时某些角色需要由全职员工来担当。你还需要记住，并不是业务流程管理组织的每一个人都会在 BPM 卓越中心中"工作"；流程角色和责任应该存在于整个企业中，并与 BPM 卓越中心携手合作。

这个列表并不详尽——在有些企业中，与业务流程管理相关的角色会更多（但很多企业可能只有一些关键角色）。但是根据我们的经验，这些角色足够典型。

表 6-1 业务流程管理组织内的角色

角色	功能	目标（流程管理的流程的领域）
业务流程负责人	管理	审查全部流程，辨别需要改进的领域，批准改进活动或新型项目；流程管理的流程方面的高级职位
业务赞助者	管理	支持业务案例，确保项目投资
BPM 卓越中心的领导者	管理	监督业务流程管理的 BPM 卓越中心，包括操作流程和其他相关的子流程，"流程管理的流程的领导"
流程架构师	操作型	维护知识、标准和工具（业务流程管理的方法和工具，业务流程管理的交付）
流程设计者	操作型	实施流程建模（业务流程管理的交付）
应用架构师	操作型	设计技术性基础设施（业务流程管理的方法和工具，业务流程管理的交付）
数据架构师	操作型	设计数据整合（业务流程管理的方法和工具，业务流程管理的交付）
变革管理的领导者	管理/操作型	确定变革管理的战略和方法，并管理这些战略和方法在组织内的执行（业务流程管理的改革，业务流程管理的交付）
交付经理	管理	选择一些项目管理方法和途径（业务流程管理的改革）；应用那些具体的项目管理方法（业务流程管理的交付）
合作伙伴经理	管理	协调外部合作伙伴，例如，软件或咨询公司（业务流程管理方法和工具）
项目团队成员	操作型	协助进行业务流程管理的交付流程中的流程变革
项目组合经理	操作型	管理流程管理项目的组合；促进实施那些持续改进规划
与项目相关的企业股东	管理	负责完成关键业绩指标，确保业务流程管理项目取得成功（业务流程管理的交付）
V-业务流程管理企业股东	管理	负责建立一个业务流程管理组织，并实施流程管理的流程（业务流程管理的改革；业务流程管理的操作；业务流程管理的治理
技术支持	操作型	解决具体工具中出现的故障问题（业务流程管理的方法和工具）
存储库管理者	操作型	管理存储库中，技术/工具方面的内容（业务流程管理的方法和工具）
业务流程改进专家	操作型	专门研究流程改进方法，例如 Kaizen(改善)或六西格玛企业战略管理（业务流程管理的方法和工具；业务流程管理的交付）

业务流程管理文化和变革管理

创建一个价值导向型业务流程管理的组织，是将流程管理的流程制度化的主要步骤之一。但是，如果你计划达到价值导向型业务流程管理

第六章　建立一个价值导向型业务流程管理的组织

的最高成熟阶段,那么你需要考虑如何使业务流程管理成为组织文化的一部分。

当然,即便你的组织文化并没有为业务流程管理做好准备,当组织为进行变革做好准备时,对员工们进行流程管理的培训也是行之有效的方法。基础变革管理技术非常重要;如果有一种结构能将业务、工具和组织背景考虑其中,那么这种结构也同等重要。(请注意,因为在价值导向型业务流程管理的背景下,完整讲述如何建立一种文化和变革管理已经超出本书的范畴,所以本章只简单地概述其内容。)

业务流程管理文化

文化这个词,可能意味着很多事情。据我们所知,如果在企业讨论流程问题或者如何改进流程之前,参与者可以主动询问自己以下问题,那么企业可能已经建立了一种业务流程管理的文化。这些问题包括:

- 我们参与的流程是什么?
- 我们都同意实施这个流程吗?
- 这个流程已经进行变革了吗?
- 我们是否以同样的方式理解了这个流程?
- 我们可以相信自己的理解吗?
- 这个流程在设计时,其重点是不是用户体验?
- 企业是否调整了这个流程,确保它代表组织的最大目标和战略,以及需要创造的价值?

如果所有的参与者都进行思考,我们就为建立一种业务流程管理文化打下了良好基础。但是,我们并未完成这个旅程。为了使这种意识在企业中发挥作用,我们还需要完成文化的其他方面。为了有效地执行业务流程管理,企业需要具有一些文化特色,而业务流程管理文化就是能够保证企业特色的思维模式。典型特色包括:

- 将用户和市场作为重点的文化。

- 合作和整合的文化。
- 开放式交流文化。
- 相互尊重的文化。
- 创新文化。
- 理解流程和日常活动关系的文化。

流程文化可以回答以下问题：

- 以流程为中心是什么感觉？
- 当价值导向型业务流程管理在企业中发挥作用时，你有什么感觉？

如果企业中蕴涵着这样一种文化，每个人都会理解流程的最终成效，以及它影响外部和内部客户的方式。因此，每个人都会理解企业影响价值成果的方式，以及如何将共同目标作为重点。

合作与整合

在企业中建立一种流程文化，可以帮助人们理解个体所进行的工作如何与价值导向型业务流程管理的"上下文"融为一体，以及一种端对端的业务流程如何为客户提供价值。为了做到这一点，在以流程为中心的文化中，每个人都应该清楚地理解，他们的日常工作如何在实际中为客户提供价值（客户包括内部客户，例如员工，他们是 IT 或 HR 部门的用户）。之前，他们不太了解自己的价值，而通过这样的整合，员工将清楚地看到自身工作的价值。

通过提高流程透明度，企业也能够有一种大局意识：如何协调所有部门与具体流程。员工们也看到，为了提供价值成果，他们各自的角色如何与同事（或者逐渐与另一家公司中作为相同价值链的角色）相互作用。如果员工能够清楚地看到流程的各个步骤之间的关系，他们会受到激励，从而去了解从一位员工或部门切换到下一位员工或部门的细微差别。举例来说，合作者需要交换思想，互相建议，并且全面掌握流程的每个步骤。

为了得到这种清晰度,企业的各个部门需要进行交流,它们需要具体理解流程所有权和责任问题。企业应该清楚地知道谁具有端对端的责任,这个人负责为整个组织改进流程,解决全部流程问题。

创新

如果员工不仅解决自己的问题,而且也帮助别人解决问题,他们就会得到新想法;如果他们思考全部流程如何影响客户,他们也会得到新想法。如果企业环境鼓励合作和相互交流,就会实现产品和流程创新。

你可以将业务流程管理文化看作是一个爵士乐队的表演。只要独奏是正确的,乐队就能够保证曲调的整体结构而不会有跑调的危险。乐队成员总是有即兴创作的空间。每个乐队成员在关键时刻的决策,对整体表演发挥着至关重要的作用;增加或减少表演,"补偿"其他乐队成员。当成员在弹奏特定乐器时,个人或团队就有机会进行即兴创作。但是从根本上来说,每一个人都在弹奏相同的乐谱。主角和配角之间的变换,创新和辅助结构之间的转化,正是业务流程管理文化所需要的东西。正如爵士组合,每个组织可能都采用一种稍微不同的方式,根据同一种标准"弹奏"乐章(如服装零售、银行业务、制造等)。这种方式使企业脱颖而出,并创造出独特的价值。

流程培训

当组织日益成熟时,企业需要信息、交流和培训才能支持流程管理的流程。最初,企业可能在限定的范围内培训员工,例如允许培训接受者观看存储库中的流程模型。之后,企业可能会有更加复杂的培训。例如,如何分析基于业绩的流程与流程模型之间的关系。

为了在企业中应用价值导向型业务流程管理,可以实施两种类型的培训;每一种类型都反映了三角法概念的一条边(见下文的三角法),在一条边上是企业应该对流程组织和 BPM 卓越中心进行培训,培训的内容是实施流程管理的流程(正如我们在第三章、第四章中所描述的),

并且管理作为一种管理规则的价值导向型业务流程管理。有些从业者会在自己的流程中（如销售和采购）实施价值导向型业务流程管理，在另一条边上，流程培训会与这些从业者联系起来。

> **三角法**
>
> 你可以同时改进业务流程管理技术和特定流程。在建立一个流程组织时，如果你能够解决关键问题并获得流程管理的最佳实践，那么你就能实现最大效益。我们把这叫做"三角法"，这是流程组织的作用之———确保从业者并不只是"修改它，并忘记它"。相反，我们鼓励你去修改它、记录它，并且与别人分享你所学到的。在第四章中你可以找到更为详细的与此相关的描述。

在任何一个案例中，培训的大体结构都是相同的。但是对于任何培训来说，只有人们懂得了它们如何应用于大型企业时，它们才会发挥作用。三角法可以是一种非常有用的概念，因为它向从业者解释在学习价值导向型业务流程管理这种管理规则时他们是否得到培训，它也解释了在操作型流程中从业者是否在执行流程管理的流程。

在任何一个案例中，运用业务流程管理的原则都是体现流程组织价值的最好案例。我们推荐企业运用流程模型，将之作为通用的"变革语言"的一部分。在变革管理中，不同观念的股东之间保持沉默，不能应用这种变革语言，比如，业务分析员、经理、公司高管、IT人才以及顾问。运用一种规范的方法，比如事件导向型流程链（EPCs），企业就能够明确交流。[3]

培训需要一种特定结构。业务单元需要四类培训，[4] 即基本业务培训、使能培训、业务流程培训和上线培训。

- 基本业务培训：这类培训解释企业进行变革的原因以及新型业务技术。举例来说，一家制造公司从应用手工物料需求规划（MRP）转换到采用 ERP 解决方法，员工需要根据最低存储库或其他参数做出部件订单的决策，而这决策却更加复杂。这个工作需要先进的业务技术，而培训应该教给员工这些技巧。
- 使能培训：这类培训为企业介绍新技术和其他工具，实施新型或变革流程。这些工具包括新型软件产品，或流程业绩工具。这样的培训通常会采取"如何运用软件"的方法，而非采用"用它做什么"的方法。
- 业务流程培训：在已经发生改变的流程环境下，这种培训保证员工完成新工作或是调整后的工作。它向员工解释如何执行、监控和控制流程。根据项目的不同，将流程改进放入培训中，也可能是合适的。这种培训的目标是使员工综合理解端对端的流程，这样每个人都会懂得自己的工作对其他人的影响以及对产品的影响。这样，企业就实现了价值导向型业务流程管理。
- 上线培训：这类培训向人们解释如何为执行新流程做好准备，它承认流程的"软启动"可能不会 100%的平稳顺利。上线培训可能会包括：向员工传达一组预期问题的解决措施，以及在处理重大问题时你需要通知的责任方详单。

整合培训中的授权技术

为了实现业务流程培训的最大化效益，整合特定的授权技术也是培训的一部分。培训接受者可以得到必要的背景信息，提出问题，并学习流程。换句话说，这种培训允许人们进行流程模型的实验，观察改变模型如何影响工作流和流程之间的关系。这样，他们就能够了解流程变革如何在企业中发挥作用了。通过更加复杂的以计算机为基础的培训，你可以在企业中应用这种培训方法。通过社交媒体，你可以在企业的各个部门应用这种方法。社交媒体是一个发展迅速的领域，我们将在第七章的末尾和第十章详细论述。

允许用户测试这些授权技术，提前观察它们如何影响工作流。这种做法与终生学习和持续培训的观点相吻合。在工作的间隙之中放入培训，会使组织为未来做好准备，流程的变革也更加顺利。它也使价值导向型业务流程管理成为日常流程运行的一部分。

对流程文化的平稳的变革管理

变革管理被定义为是信息、交流和培训的结合。[5] 迈克尔·哈默（Michael Hammer）和其他作者也编写了很多与改革流程相关的书籍。我们并不打算在本书中详细介绍这些内容，但我们会简单地将其放入价值导向型业务流程管理的"上下文"中。

我们发现，在培训中将流程变革传达给员工时，由奥格斯特·威廉谢尔（August-Wilhelm Scheer）建立的企业信息系统集成架构（ARIS）起着非常重要的作用。[6] 我们采用这种模型，因为它非常充分地表现了流程的中心性。我们将在第七章中详细论述这种模型。

当企业未能建立期望中的业务流程管理能力时，购买多种软件或者详尽地记录流程是非常简单的事情。我们期望改变组织的核心——人，而流程思维模式的产品——抽象概念——不应该导致我们失去这种核心。在建立业务流程管理组织时，伴随而来的是企业的动态变化和角色转变。理解这种动态和角色变化是企业取得成功的关键，它也保证了一种和谐的工作环境。在建立业务流程管理组织时，企业并没有一种万全之策。有些组织比其他组织更加集中化；有些组织将知识集中到上层，将它逐渐传播到下端；在另一些组织中，它像"蒸汽"一样升上来。但是我们在本章讨论的技术性应用，可以结合流程改革"上下文"的具体知识，以及一种对组织文化——人的深入透彻的理解，这三者会帮助你的组织取得胜利。

本章注释

1. Ken Vollner, "The EA View: BPM Has Become Mainstream," Forrester, October 2008.

2. Royston Morgan, "How to Do RACI Charting and Analysis: A Practical Guide," Project Smart, UK, accessed September 26, 2011, http://www.projectsmart.co.uk.

3. Mathias Kirchmer and August-Wilhelm Scheer, "Change Management: Key for Business Process Excellence," in *Business Process Change Management: ARIS in Practice,* ed. August-Wilhelm Scheer et al. (Berlin: Springer-Verlag, 2003), 23–48.

4. Mathias Kirchmer, *High-Performance Through Process Excellence,* 2nd ed. (Berlin: Springer-Verlag, 2011).

5. Ibid.

6. Mathias Kirchmer and August-Wilhelm Scheer, "Change Management: Key for Business Process Excellence," 1–14.

第七章

价值导向型业务流程管理的信息技术

企业在试图采用业务流程管理时经常犯的错误之一是，它们会"爱上"手中的工具，将它作为努力的重点。但是从长远来看，如果企业不采用任何工具，肯定也会归于失败。本章中，我们继续将价值导向型业务流程管理的技术部分作为重点，并讨论企业应用这些工具所得到的效益。这些工具组成了业务流程管理的技术性基础设施，但是我们讨论的重点并不是技术的详细运行方式。我们的重点是，这些工具作为整个价值导向型业务流程管理方法的一部分，如何被安置在企业中合适的位置，并与战略和业务价值联系起来。

第七章 价值导向型业务流程管理的信息技术

本章着眼于流程模型、建模和存储库工具、流程管理执行系统、服务导向型框架的作用，揭示了这些工具和技术如何纳入业务流程管理的价值故事之中。我们也讨论了流程业绩监控。通常来说，当企业设计和实施一种新系统时，业务流程管理会受到很多关注，相关流程也被并行排列出来。但是在流程的生命周期中，价值导向的业务流程管理也非常重视这些监控功能如何在持续创造价值的过程中发挥关键作用。那些不进行绩效评估的企业——或者只评估传统数字成果——可能会错过他们所需的信息和价值。本章将解释为了迅速评估并了解各种流程正在进行的工作，以及运用这些信息来驱动价值议程，企业是如何将这种能力落实到位的。我们也将探讨为了合理控制流程，包括流程管理的流程，在懂得"测量什么，如何测量"的"上下文"中，监控和管理方法以及流程挖掘技术的价值。

本章也将做出总结，讨论在一些新型业务流程管理技术的支持下，企业是如何运用社会化业务流程管理来创造价值。

哪一种技术可以支持价值导向型业务流程管理

每一个业务流程都需要相应的工具。举例来说，为填写订单，需要订单输入系统。但是如果没有订单，这个系统就是毫无用处的。就像一座没有书的图书馆，或者一间没有钱的银行。如果价值导向型业务流程管理没有流程和相关信息模型的数据，那么支持它的存储库也是没有用的。更进一步说，对这种管理规则来说，至关重要的问题是：花费时间，精确定位那些相关性最大的、最合适的流程模型。为所有的流程建模，既不必要，也不明智。

最近我们拜访了一家公司，这家公司了解流程的重要性，并且为其

> 开发两年的业务建模项目而自豪。唯一的难题是，没有人能够告诉我们如何应用这些模型，或者说在何种程度的细节上应用才能使企业的效益最大化。然而，这家企业的领导者却向我们保证："在两年之内，这个项目会发展得非常好！"

你的企业可以人工执行流程管理的流程，但是为了使它发挥更大的效用，你很快就会需要信息技术的支持，正如同其他管理规则或操作型流程一样。在应用流程管理的流程时，某些参考模型并不需要很多信息技术或者精密软件的支持。举例来说，最初只是应用简单的基于工作表的工具，业务流程管理的操作领域就能够良好地运转。

将业务流程管理应用于操作型流程，通常会需要软件工具。流程管理的流程利用这些软件来创造、改变或改进操作型流程，如那些与研发、采购以及人力资源相关的流程。

企业的其他许多通用平台，如 ERP 系统，能够管理操作型流程，并成为价值导向型业务流程管理活动的一部分。业务流程管理从业者可以建议改进 ERP 系统，从而改进采购流程。

无论一家企业是通过创建特定软件实施业务流程管理，还是在流程中应用其他工具，企业要想取得成功，最重要的因素就是拥有一种精确的、结构化的流程描述，用以指导应用相关的工具和软件，从而支持价值导向型业务流程管理。许多业务流程管理技术实施失败了，并不是因为这种技术水平低，而是因为流程模型是不存在的，或者压根儿就是错误的。如果企业中发生了这种情况，一定是因为在实施中漏掉了流程的某些重要方面，比如员工的信息。或者，企业急于正确地安装软件，而对某些从未与技术要素相结合的观念视而不见。但是，这两者应该结合起来。

> 20 世纪 90 年代，企业在寻找一种新的流程，以实现成本分配。我

第七章 价值导向型业务流程管理的信息技术

> 们做了一些研究，找到了 20 世纪 30 年代的一篇博士论文。这篇论文的分数很低，因为它建议的成本分配运算法则处理起来非常困难，在当时并不适用。但是，随着计算效率的发展，这种运算方法如今可以更容易地实施，并与业务流程合并起来。于是，它成为企业成本分配流程的重要部分。

一个相反的案例是与价值产出毫无关系的技术应用，一家自动化部件制造商安装了 ERP 系统。使用者对其详细的材料清单和路由选择能力寄予厚望，即便企业只生产一种功能非常简单的产品。突然之间，人们发现行政工作量剧增，因为对于这个路由流程的每个步骤，人们都需要记录该步骤的持续时间、输入产品反馈，而之前根本不需要做这些事情。其实，只输入一个简单的材料清单就足够了，企业无须采用不必要的步骤就能够实现自动化。这就是一个被软件的复杂功能所绑架进而导致效率低下的例子。

根据上述观点，我们重新对这些支持价值导向型业务流程管理的信息技术工具进行了分类。

流程建模和存储库工具

对于任何业务流程管理的基础架构来说，其核心都是流程建模和存储库工具。这种基础架构是企业创造透明度并从根本上全面了解业务流程结构的关键驱动因素之一。另外，它也是业务流程管理相关内容的主要数据管理工具，被应用于其他业务流程管理系统之中。正如其他软件平台一样，业务流程管理存储库几乎等同于刚输入系统的数据。只有企业应用合适的管理方式和建模指导方针，将内容放入系统，业务流程管理应用程序才能实现原先的承诺。如果一种流程发生改变，那么使用者也需要在不引发其他危机的前提下在系统中缓慢推进。为了确保顺利实施流程，以及对流程的变革管理，都需要成为流程管理的流程的一部分。

表 7-1 列出了我们在市面上经常见到的一些流程建模和存储库工具（最近，高德纳公司也将大部分工具纳入"魔力象限"中）[1]。这个清单并不完整，只是简单阐述了工具的类型和相应辅助功能的典型应用范围。

表 7-1 流程建模和存储库工具的案例

产品/公司	描述
ARIS（集成式信息系统架构）Software（软件股份公司）	从很多方面来说，它依旧是市场领导者，拥有多种元模型。一种与 SAP 解决方案管理器、企业服务存储库以及甲骨文融合（Oracle Fusion）和网络方法流程自动化引擎相集成的建模工具；是一种综合全面的功能性的参考模型
Corporate Modeler Suite Casewise 公司	这种工具包含众多元模型和行业特有的框架。其优势表现在英国公共部门之中
IBM Rational System Architect IBM	包括组合管理、业务流程管理和资产管理以及存储库工具
MEGA Suite MEGA 公司	建模套件摆脱了传统思维模式，包括多特征的元模型以及治理、风险与合规（GRC）和业务流程自动化（BPA），在法国尤其流行
Nimbus control Nimbus 公司的合作伙伴	获得了许多业务流程图，并提供合作式的内容回顾；以人为中心
ProVision Metastorm（美拓暴风公司）	将业务流程自动化和业务流程管理套件联系起来：应用方便；建模功能更多
QualiWare Product Suite QualiWare 公司	包括其他企业架构能力，例如 BPA（业务流程自动化）和 GRC（治理、风险与合规）。强调协作再利用和员工敬业度

使用正确的工具完成工作

企业通常要运用工具记录工作流和流程，因此常见的商业应用程序中的绘制工具和功能，如 PowerPoint（微软办公软件）和 Visio(矢量绘图软件)，经常会与流程建模和存储库工具混淆。但是，这些应用程序只是用一种高级图表的方式展现了在一个具体的位置、特定的时间中流程之间的关系。演示应用程序不过是图片的集合，它们并不能持续升级，也没有搜索功能；而且，这些软件很难在用户中得到传播，也很难得到维护，更不能有效地支持大型扩展。

为什么绘制出来的图表还远远不够

存储库和建模工具与绘画工具明显不同。许多公司认为，它们可以将 PowerPoint 和 Visio 作为存储库工具。2010 年，我们将流程管理的流程这个概念介绍给一家公司。其中一个业务部门负责人说："我们可以跳过存储库这一步；我们已经有一个存储库了。"他将一堆 Visio 图表放到我们面前。"这就是我们的存储库，我们将每件事都完整地保存下来。这就是我们所需要的。"我们说："这的确是一个良好的开始，现在我们想要运用流程管理的流程整顿系统。你能告诉我们存储库系统会影响哪些流程吗？"他说："没问题。我会让助理浏览这些流程图，明天下午他会回复你的。"我们说："那太好了。如今贵公司的销售部门包括哪些流程？"他解释道："好的，我可以让他调查这个部门，并制作一个清单。"然后我们说："我们也需要知道你在哪个部门处理客户主数据。"他看着文件，说："好的，我懂你的意思了。或许仅有这些图表和其他流程信息是不够的。"

存储库工具的显著差异在于，你不需要图表，你能够拥有流程的动态信息。这意味着你需要将功能、组织单元和系统信息相互联系起来，这样你就能够以图表的形式展示这些信息，创造出企业的透明度，并从中获取更加具体的流程信息。进一步来说，如果你在一个部门进行变革，这些改变会传播到其他部门，帮助你更新全部模型。

维护一种真正的存储库工具是非常简单的；与模型保持一致；并且保持内部管理能力，以实施建模方法，驳回那些不符合企业现状的流程类型。

在企业运用流程建模和存储库工具时，使用者能够在一种不断变化的环境中创建并存储模型。这样一来，就会产生报告，详细记录参与具体流程的相关部门，描述数据库和主数据的相关性等。流程建模和存储库工具包含了流程的动态信息。举例来说，如果一个部门改变了名称，那么在企业的中央数据库中，这个信息会在系统的所有图表和流程关系中得到更改。

> 大约五年前，在埃森哲咨询公司还将 PowerPoint 和 Visio 作为参考模型。直到我们转而应用存储库工具的，我们才意识到公司在重做图表的过程中浪费了多少时间。应用存储库工具，开发新模型的速度突然加快了，我们也有更多时间用来完成新的工作，那就是去维护现有的模型。

流程建模和存储库工具包含流程的所有元素，包括功能、组织单元和系统信息。而且，这些元素之间的关系能够明确地展示出来。

流程建模和存储库的著名工具之一是 ARIS（集成式信息系统架构）工具箱，这种工具是在企业进行流程建模的过程中创建的。仅仅是简单地看一眼流程建模的发展历史，都具有很大的教育价值。在 20 世纪 80 年代后期，奥古斯特·威廉·希尔（August Wilhelm Scheer）意识到，流程工具所具有的优势地位意味着，没有任何一家企业能够只看一眼图纸上的流程就清晰地掌握所有流程。他也意识到，在企业中运用标准的图画绘制工具只会导致一片混乱。正是因为现有的架构都有缺陷，于是他开始进行调查，并研发出了一种建模流程的架构。他把这种架构叫做集成式信息系统架构或者 ARIS。[2] 他用同一个名称描述一种效用更大的建模工具箱，这或许非常令人困惑。然而，希尔这种构建一种应用范围更广的架构的思想，作为一个优秀的参考框架，得到了企业的广泛接受。

根据希尔的观点，业务流程可以从五个不同视角加以描述，从而回答所有与流程相关的问题。

- 组织视角：流程中包括谁（员工、部门、企业等）？
- 功能视角：流程执行了哪些功能？
- 数据视角：流程需要或产生哪些数据（信息）？
- 可交付成果的视角：流程的可交付成果是什么？为什么我需要它们？
  - 控制视角：如何将以上这些视角组合起来？

- 谁在做什么？
- 运用哪些数据？
- 为了产生哪些可交付成果？
- 采用何种顺序执行这些功能？

在图 7-1 中，展示了这个架构以及它所解答的问题。

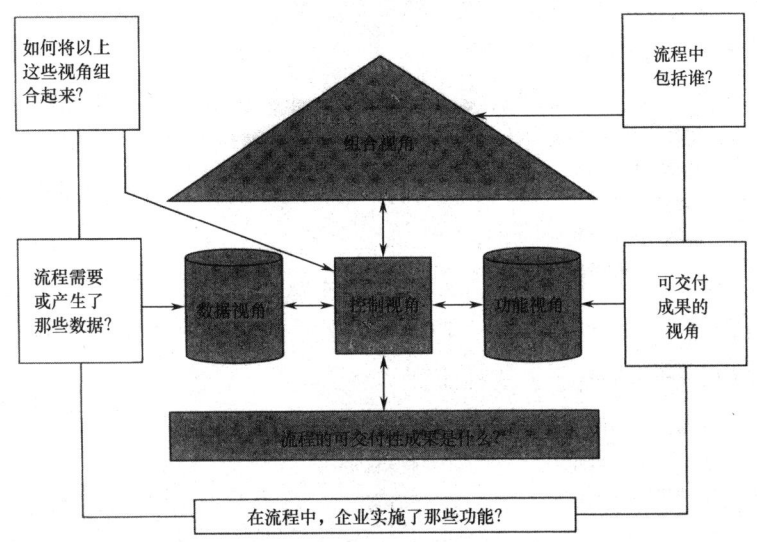

图 7-1　ARIS（集成式信息系统架构）的框架

ARIS（集成式信息系统架构）的核心部分是控制视角，因为它展示了流程的各个部分如何组合在一起。举例来说，谁对企业的特定功能负责（组织和功能视角），或者哪种功能运用特定数据（功能和数据视角）。业务流程的多个方面所产生的整合观，是流程实现成功管理的关键。对价值导向型业务流程管理来说，这种观念也是至关重要的。我们从如 ARIS 这样的模型中所获得的这种整合观，让一种实现价值导向型业务流程管理的综合方法得以实施。

运用 ARIS 架构，我们可以描述企业之间以及企业内部的交流。举例来说，组织单元可能从一个组织转移到另一个组织，功能或可交付成果可能重新得到分配，数据可能得到交换，企业之间的控制活动也可能进行交换。

如果一个从业者可以回答"ARIS 提出的问题",那么他就能充分解释业务流程,从而驱动业务改革、小型持续性改进以及其他改进流程的行动。

业务流程的例子——"从订单到现金"的流程:从消费者订单进入企业的时间算起,直到交付产品,企业得到收入;维修流程:从创建维修订单的时间算起,直到设备得到维修;招聘流程:从提交招聘要求的时间算起,直到员工入职。以上这些都是操作型流程。换句话说,它们的重点是执行企业的操作任务。

每个企业都需要管理式流程,从而确保那些操作型流程组织具有效率,并发挥作用。这方面的例子包括:员工绩效评估,以及管理公司的 IT 支持的流程。流程管理的流程巩固了价值导向型业务流程管理,而且它本身也是一种管理式流程。

最后,组织需要一种管理方式、总体原则和指导方针。在企业中,有些流程需要遵守法律条例、符合一般趋势、促进技术发展,并满足股东的期望。图 7-2 概述了三种流程类型。

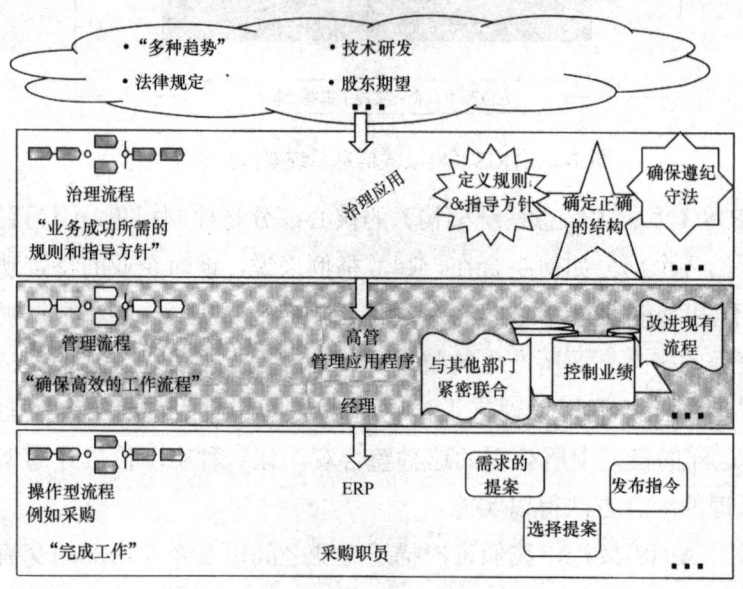

图 7-2 业务流程的分类

资料来源:Mathias Kirchmer,*High Performance Through Process Excellence*,2nd ed,Berlin:Springer-Verlag,2011

第七章 价值导向型业务流程管理的信息技术

在完善了 ARIS 概念之后,希尔试图向一些大型 IT 供应商推销这个概念,但是他并没有引起其他供应商的兴趣。因此,他建立了自己的公司——艾迪斯希尔股份公司(IDS Scheer AG),并在市场上销售这种工具。2009 年,他的公司与赛克科技公司(Software AG)合并。而在这之前,这家公司的员工已经超过了 3 000 人。

流程存储库的优势

由于经常有人询问我们为什么企业应该运用建模和存储库工具,因此接下来让我们简单地来看一眼它的优势所在。存储库为企业提供了一种透明度,而存储库工具的关键战略优势正是来自这种透明度。流程存储库提供以下优势:

- 它是企业对挑选出的流程进行标准化的基础,包括利用最佳实践提高标准流程的效率,从而节约成本。
- 控制流程集中化程度的工具;通过共享服务中心节约成本以及调节客户服务定位和后勤部门效率之间的关系。
- 提供透明度以支持流程改革,从而为创新活动和重点流程改进项目奠定基础。
- 为设定软件实施项目的范围提供基础,包括定义软件要求、管理功能性缺陷和重叠部分。
- 流程治理方法的一个基础。

企业应用存储库从而获得战略利益的例子之一,就是我们在第三章中所讨论的高科技公司(第九章案例二中会更加详细地论述)。在这个案例中,存储库保证了流程的透明度,这样公司可以将重点放在投资方面,并扩大建造流程和产品流程的规模。万一企业未能成功地建立存储库,就要承担高风险,将经费错误地分配到非生产性的项目之中。

缺少透明度会对企业产生负面影响。一家机械公司的高管人员运用行业领先的自动化操作技术实现了最后装配线的自动化,他们为此而十分自豪。然而 6 个月后，企业获得的底线利润仍然很少。因为这家公司在没有查明端对端流程的缺陷之前，就开始主观提升最后装配线的速度。在本案例中，主数据非常少，意味着对需求的规划具有缺陷，所以公司没有考虑一些必要的步骤。因此，最后装配经常"跑在"计划安排的后面。如果当时公司引入了存储库，领导者可能就会看到并解决流程中的缺陷，而不是盲目实现缺陷流程的自动化。

除了战略优势之外，流程存储库也提供了很多操作性优势：

- 轻松地应用并再次应用设计活动中的流程模型和模型部件。
- 轻松地将流程模型和底层执行技术结合起来，特别是基于 SOA（服务导向型框架）的架构。
- 灵活度更高，随着模型内容以各种形式得到应用（举例来说，流程图用于支持培训、文本和电子制表）。
- 保护流程资产的同时，企业可以轻松地将模型从一种技术环境转移到另一种技术环境中。
- 为规定流程内容产品提供支持，这些产品可以售卖给其他企业，或者转移到其他部门。
- 在行业和职能部门之间保持流程建模方法和标准的一致性

业务流程管理执行系统

一旦将全部流程知识放入存储库之中，就可以应用业务流程管理系统（BPMS）来执行一些流程部件，以实现自动化。BPMS 可以促进实现工作流不同成员之间交互式文件修改的自动化。

目前企业中一共存在两种主要的业务流程管理系统，即以人为中心和以系统为中心。以人为中心的系统运用工作流将文件发送到各个部门，并且由人实施各种活动（比如填写采购申请）。而以系统为中心的业务流程管理系统运用软件模型自动实施流程的功能。这意味着它们包括企业应用集合（EAI）的软件部分，从而将多种应用联合起来。所以，业务流程管理系统主要包括两种能力。

从业者首先在一些简单的层面上应用业务流程管理系统，比如传递文件以获得批准。此时，企业的重点是要去获得工作流中的逻辑。这样做的好处是企业能够获得一种透明度，从而确定流程中的瓶颈障碍。为了实现更高级的流程自动化水平，可以运用"企业应用集成"（enterprise application integration），将业务流程管理系统与其他软件联合起来。一个流程中可以包括多个流程，尤其是当这个流程涉及多个部门的时候。在业务流程管理系统的指导下，通过实施企业应用集成，可以实现工作流和应用之间的交互自动化。这可以帮助从业者实现透明度、效率和更好的合规性。通常来说，与只是应用 ERP 系统的计划相比，这种做法更加灵活。

表 7-2 提供了一些业务流程管理系统产品的清单说明。请注意，这并不是一个详尽的清单，它只不过是市场领导者和一些"潜在选手"的抽样。

表 7-2 业务流程管理系统产品的样品

企业/产品	描述
Appian Enterprise（阿比安企业）	友好的用户界面；移动性很强，社交业务流程管理功能强大，拥有一种集成环境，包含流程设计、执行、管理和优化、分析能力和合作
Cordys Business（坎迪斯企业）Operations Platform（操作平台）	以成分为基础的用户界面；主数据管理；案例管理模板；存储库的视角和使用权——少数本地云计算平台之一。同一水平的产品包括精益六西格玛企业战略管理、以人为中心的工作流以及云资源配置。垂直线领域包括金融服务业、能源及公共事业以及制造业
IBM WebSphere（应用服务器）Lombardi Edition（巴迪版）	自动化的、模型导向型业务流程管理。将软件即服务作为基础的一种高水平流程图表；直观的流程建模软件适应不同用户的视角，便于业务用户进行应用；经常被部门中的子流程应用[2]
OpenText Metastorm 业务流程管理	最近由 OpenText 收购，以实施它的企业内容管理工具，美拓风暴支持流程改进的生命周期。便于不懂技术的用户进行应用；扩展利用微软技术[3]
Oracle BPM Suite（甲骨文业务流程管理套件）	这种综合全面的集成业务流程管理套件包括复杂的事件处理、业务规则和优化能力。服从业务流程建模标注（BPMN）2.0 的规则。甲骨文业务流程管理套件如今是甲骨文应用程序的核心流程平台

(续)

企业/产品	描述
Pegasystems PRPC	一种联合的对象框架，包含全部人工制造的流程部分（流程、规则和用户界面），它维护方便，支持社交网络；基于角色的工具；将金融服务和卫生保健作为重点；[4] 具有许多预制模板，加速应用程序构建的工作
Software AG（软件股份公司）webMethods	与服务导向型技术紧密联合；根据 Eclipse 的用户界面，适合 IT 用户。它与 ARIS 流程建模工具进行联合，引导企业从建模到执行的循环过程[5]

注：① Maureen Fleming and Jeff Silverstein,"IDC marketscape: Worldwide Business process Platforms 2011 Vendor Analysis ,"Framingham，MA，2011

②～⑤ Jim Sinur and Janelle B.Hill,"Magic Quabrant for Business Process Management Suites,"Gartner，Stamford，CT，2010.

最近，企业可以通过"一片云"运用业务流程管理系统。"一片云"是一种交付方法，有时被称为"平台即服务"（PaaS）。

一家大型全球银行的业务流程管理系统

一家全球银行准备在菲律宾建立一个海外 BPM 卓越中心，它在那里设置了大量的后勤财务流程。鉴于全球业务的规模与范围，这个 BPM 卓越中心产生的流程对于这家公司来说是一个大型任务。需要运用价值导向型业务流程管理，将总公司中的大部分财务流程集合起来。埃森哲咨询公司帮助这家公司进行这些流程的优化、简化以及标准化；并且应用集成 Intalio（开源软件）——一种开放源代码的业务流程管理产品，以及现有的 SAP ERP 系统，从而使流程的自动化水平更高。现在，这家银行通过应用团队领导和高层管理层的"仪表盘"（dashboard）实现了流程业绩的实时可见性。这为银行提供了更加均衡的工作量，企业也能够预测流程的瓶颈障碍和积压工作，从而提高了流程的效率，提升了客户的满意度，也更加遵守法规了——首先，产生了 BPM 卓越中心的最高价值。

对流程自动化的成功至关重要的因素是业务规则的定义和管理规则。举例来说，一种业务规则是"超过 1 000 美元的采购清单，必须经由部门主管批准"。许多组织有上千条这样的规则,这些规则借助业务规则引擎在企业中实施执行。为了使流程的自动化发挥作用,尤其是复杂流程,企业需要将规则引擎与业务流程管理系统整合为一体。

> 尽管这可能非常吸引人,但是我们并不建议将业务流程管理系统的平面设计功能替代流程建模和存储库工具的功能。一般来说,业务流程管理系统图形建模功能已经足够支持业务流程管理系统软件执行的任务。但是,为整个企业建立模型,图形化功能就力不能及了。业务流程管理系统并不是创立企业存储库的最佳工具,因为它并不包含所有的业务框架。你应该从企业的存储库中获取内容,并将它放入业务流程管理系统的存储库中,从而建立一种存储库的等级制度,并将企业存储库放在最高层。

服务导向型框架的作用

在 IT 的世界中,服务导向型框架(SOA)广泛流行。因为它灵活地将自定义流程设计与软件合并起来,并将流程设计从 IT 支持中分离出来。ERP 系统通常功能齐全,它有自己的一套流程。而与它不同的是,SOA 则能够创建一些综合应用,以满足业务流程的需求。SOA 支持业务流程设计的分离,并借助合适的软件应用应用组件支持交付服务。[3]

不管 SOA 是如何完成技术实施的,从某方面来说,它是实现灵活性和创新这些目标的理想平台,这些目标正是价值导向型业务流程管理所支持的目标。在 ERP 的附加软件时,需要设计一些复杂的"程序到程序"的界面,而在 SOA 中,这些软件只是直接与集成环境连接起来。因此,流程设计与执行之间的关联更加明确直接。

与 SOA 相比,传统软件系统只是应用于许多通用流程之中,这是 SOA 的另一个主要优势。商业软件研发商发现,通过将软件应用于最为通用的流程之中,支持最广泛的群体,能够带来经济利益。而企业用户在使用这些流程时,就要根据软件设计流程,而不是使软件适应流程。对于企业中80%~85%的标准流程来说,这是一种优势。自从软件中加入了上千个实施活动中所总结的综合知识以来,每个企业都实施了这些标准流程,却并未拥有具体的优势(想想工资单这个例子吧)。但是对于另外15%~20%使企业具有差异化的流程来说,这些应用标准系统的流程并不是最优的流程。关键的价值驱动型流程通常是那些定制的流程,或者来自"一片云"。

SOA能够为价值导向型业务流程管理提供一些优势,因为根据存储库中的流程模型,SOA更加容易配置。从业者可以创建一个自动化流程,从而精确对接组织的需求。从流程的每一步都由服务调用应用程序。这样的设计可以相对轻松地添加或修改新服务。图7-3展示了这样的架构模型。

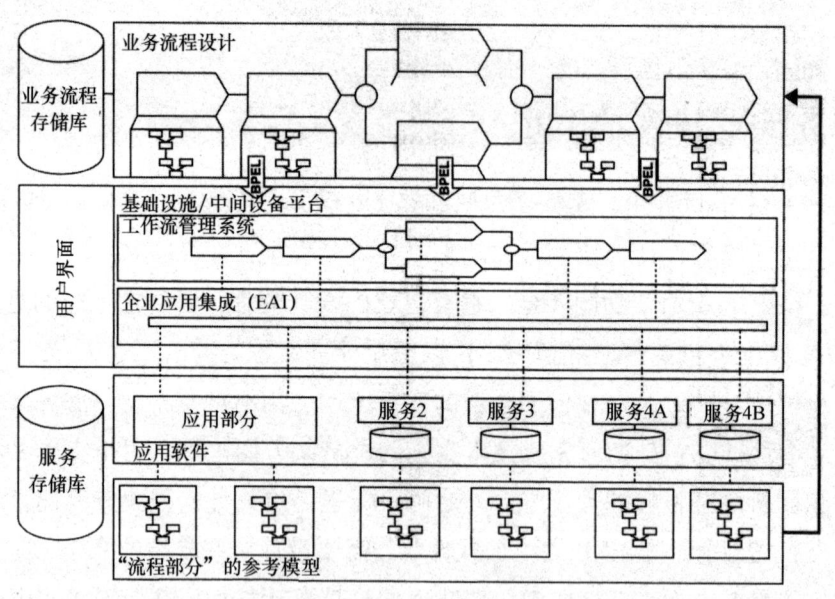

图7-3 服务导向型框架

资料来源:Mathias Kirchmer, *High Performance Through Process Excellence*, 2nd ed, Berlin: Springer-Verlag, 2011

SOA的劣势是其自由度过高,而企业需要管理这种自由度,这将导致组织内的职责更多。试图建立一种高度商品化的流程，实际上并不可取。因为与实施标准 ERP 相比，它要花费更多的努力，才能取得相同的成果。另外，和其他解决方法一样，如果没有一种结构化的流程模型作为基础，它们不会具备很多优势。

流程设计者对 SOA 存有相当多的误解。许多公司坚信，它们拥有 SOA。但在事实上，它们可能只是一种 EAI，将许多非常传统的系统连接起来，这些系统依旧命令流程负责人控制流程，而不是命令流程来控制负责人。然而，SOA 并不是射出"思维方式之外"流程的银子弹。如果你假设了执行系统中的相似交易能够展现流程设计中的每一种交易，那么你就处于危机之中。为了实现业务流程管理目标，客制化设计服务依旧是企业使 SOA 发挥作用的要求。

当 SOA 成为业务流程管理环境的一部分时——换句话说，当企业真正运用 SOA 鼓励创新、创造灵活性，并成为价值导向型业务流程管理议程背后的强大力量时，就能获得最大的战略利益。如果企业只运用 SOA 来节约 IT 成本，并且像从前一般运行业务，那么就失去了一个机遇。价值导向型业务流程管理作为一种管理规则，能够从 SOA 中获得最大价值，并提高流程的灵活性。

流程业绩监控系统

一旦流程被设计出来并开始运转，那么从业者需要根据操作质量、服务水平、成本以及其他标准，来评估这个流程的业绩。我们从这样的流程业绩监控系统（PPMS）得到反馈，并据此优化正在经历价值导向型业务流程管理的生命周期阶段的流程。

传统的流程监控系统有两种：
- 以 IT 为中心的系统，测量计算机的正常运转时间、故障停机时间以及性能；这种系统的重点是为流程提供支持的技术资产。

- 经典分析系统，通常考察成本中心的业绩，或者特定部门的业绩信息，但在调查多个部门时，它不能提供一种清晰的端对端流程布局。这样的系统有两类，一种进行实时分析，另一种在执行流程后才进行分析。知晓哪一类系统能够迎合你的需求非常重要。ERP系统的分析功能或会计应用，是这种系统的典型案例。

除此之外，业务流程执行和自动化工具具备部分业绩监控能力。为了弥补业务流程管理系统（BPMS）和传统流程监控系统的缺陷，流程业绩监控系统（PPMS）应运而生。流程业绩监控系统能够监控流程的关键绩效指标，并提供其他文本性信息。这样，从业者可以获得所需信息，控制并调整流程。PPMS可以了解明确的、底层的辅助流程软件的投入和输出，系统性地收集定性和定量数据，从业者据此进行分析。

至于传统流程监控系统，有两种类型的PPMS：一种是"实时监控"，能够在实施流程的过程中帮助流程避免很多问题；另一种是"流程分析"，从业者根据历史数据可以看到流程的发展趋势，并采取行动。

流程挖掘：业务流程管理技术的下一步

流程挖掘是一种先进的技术，可以用来了解流程的执行状况。流程挖掘可以逆向设计自动化子流程的流程模型（比如，ERP、BPMS等）。[4]

当企业运用流程挖掘时，会调查交易型系统的系统日志，详细介绍流程故障或运行良好领域，并且将这些内容与许多标准关键绩效指标联系起来。流程挖掘可以展示文件中记录的每个人的工作时间，并且追踪销售订单在多个领域的踪迹，包括当订单从一个系统进入另一个系统时"印记标志"的时间。这意味着企业可以更加轻松地回答从前那些让人头疼的问题，比如"为什么销售周期增加了？"流程挖掘可以确定高级订单与最长销售周期的时间，并加以研究，从而找出瓶颈障碍。

那些难以理解的、深藏于企业系统之中的流程，以及那些具有战略重要性的流程，可能是 PPMS 的理想应用案例。采用 PPMS，从业者可以为流程建立模型，并且在这个过程中加入更多报告和数据。这样，与从建模跳到执行的简单过程相比，从业者有了更深刻的见解。运用 PPMS 和流程挖掘，从业者可以获得流程的信息，从而更加迅速深刻地理解这些内容。举例来说，路线图的绘制流程可以依据高级战略性规划信息以及精细的底层信息。从业者可以确定作为一种市场战略的流程在多年时间内所耗费的成本；以及在短时间内、在精确的流程细节中予以实施的成本。

从本质上说，运用 PPMS，企业可以将流程建模与那些能够促生洞察力和透明度的报告数据联系起来，使从业者能够深刻理解如何保证流程的良好运行。它提供真正的"流程 KPIS"，如频率、周期时间以及其他类似的指标。我们发现，一家优惠卡公司在运用 PPMS 和流程挖掘能力后，近几年来（我们将历史数据作为投入），客户服务中心 2 月份的业绩非常低。这家公司的第一反应是，PPMS 中肯定有漏洞。但是经过对业务状况的分析却发现，这是假期政策的问题。因为人们需要在 3 月初用掉（或浪费掉）所有"之前的"年假时间，因此许多人决定在 2 月的最后几天请假——而这直接导致了那个月的业绩问题。

"企业 2.0" 和社交媒体的前景

人是价值导向型业务流程管理的关键，所以社交媒体和网络 2.0 的运用可以在很大程度上促进企业实施这种管理规则。社交媒体提供了 IT 和人之间的桥梁，从而弥补了流程设计和辅助流程的系统设计之间的缺陷。因此，IT 的瓶颈缓慢了。社交媒体可以用来支持企业的文化发展，这种文化我们在第六章中有所探讨。

快速地扫一眼办公室，你就会发现，有些人的办公计算机上开着脸书和视频网站,这看起来可能会引发关于增加安全性和锁定防火墙的争论,但事实上,恰好相反。这个企业办公室,现在就是"企业 2.0"的一部分——如今,企业运用社交媒体,并将它作为业务目标,它可以引导企业实现灵活性、创新、内部整合,以及社交网络的创新应用。

网络可以提供一些作为服务的小型灵活的应用程序,在未来,这些程序可能是提供业务价值的主要模式。网络有能力实现组织内部和组织之间的业务流程的社交化,而这种能力会帮助企业从流程中"挤出"更多的价值,并创造出许多全新的流程。而且,这种影响力无疑会持续扩大。如今,社交媒体可以被用来支持流程管理的流程,以及作为管理规则的价值导向型业务流程管理,同时执行和支持操作型流程。我们经常将这些方面作为"社交化业务流程管理"加以讨论。

Web2.0 服务或应用的显著不同之处在于,人们运用得越多,它的成果和有效性增长得越快。因此,这样的应用,或许直接请求用户提供数据,或者发现数据挖掘的能力,从而持续性地产生更加优秀的数据。Web2.0 应用案例包括:维基百科,它由用户创建并维护;社交网络如领英(linkedin);谷歌,它根据曾经的搜索数据的特点改进现在的搜索数据。许多 Web2.0 应用程序从现有网络应用中提取数据,并有效利用这些组合数据。它也将这些数据与新的内容联系起来,在不改变原始来源的前提下向用户提供额外的价值。在实施和维护一种价值导向型业务流程管理文化时,这样做是非常有帮助的。举例来说,某大型连锁店的战略高级副总裁引进了一种社交媒体平台,将这种平台作为价值导向型业务流程管理活动的一部分。而首席执行官在博客中重申了这种文化需求,并示范了这种自上而下的授权。

企业 2.0

尽管许多 Web2.0 应用的关注点是私人用户,但是很多活动开始将这些应用能力转移到商业世界中,并将企业客户作为目标。这就是企业

2.0，它指的是公司将 Web2.0 的能力作为业务目标的现象。这些业务目标中包括 B2B。一个例子是，埃森哲咨询公司采用一种基于全面知识交流的内部社交媒体应用程序，它运用维基百科和博客，介绍新型工具和概念，这些内容的贡献者分布在世界各地，他们能够快速作出并收到回馈。这些新的网络能力，要求企业采取一种合适的管理方法。

为了适应并利用企业 2.0，从很多方面来看，这种新的管理方法会围绕着适应传统流程设计和管理方式展开。我们应该询问企业中的流程拥护者以下问题：

- 企业如何鼓励员工将自己的想法放入可以共同完成的流程模型中，且能确保企业依旧将流程模型研发作为重点，向同一个方向前行？
- 企业如何鼓励创新，同时避免带来风险？
- 企业可能采用哪种管理模型？
- 维基百科的模型———一种社区监管和结果修正模式，以及去除个人服务信息——是否能够被应用于企业之内比如流程存储库中？
- 如何开发治理方法，才能使流程存储库在有规则、有方向的情况下实现持续改进？

"企业 2.0+"、社交媒体、价值导向型业务流程管理，看起来可能是什么模样？让我们看一下图 7-4，它展示了企业 2.0+ 的 IT 架构。企业 2.0+ 方法的核心是一种与业务流程管理的设计和实施设计引擎，以及与执行业务流程的管理和控制部分紧密结合的 SOA 环境。与 SOA 的概念相似，特定的外部事件会触发一些流程，这样的结果，就是事件导向型 SOA。业务流程管理软件也反映了这种实时的事件管理。

交付材料的质量问题可能会立即触发质量保障流程，或者特定消费者订单类型的出现可能会导致特定的订单处理活动。特殊事件，例如订单的极端周期时间，可能会导致企业实施与特定处境相关的调整措施。一般来说，在实时的事件发生时，企业也会做出实时的反应。为了避免冗余和不一致情况的发生，企业会运用操作型流程处理主数据。在流程设计以及远程资产的积极管理中,"物联网"——彼此联系的宏大网络,"智能"IT和IT设备——会发挥着越来越重要的作用。你可以运用"看板"和其他图表式工具获取这个物联网,从而得到迅速、直观的信息和反应。

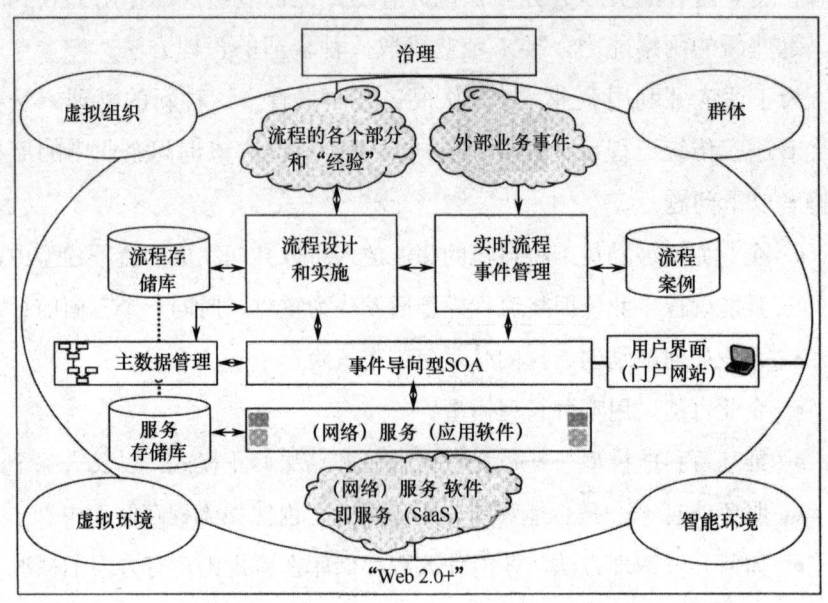

图 7-4　企业 2.0+ 与业务环境的集合

资料来源:Mathias Kirchmer,High-Performance Through Process Excellence,2nd ed,Berlin: Springer-Verlag,2011

其他方面的新发展

业务流程管理的设计部分,可以通过网络接受外部的输入信息。这可能包括与特定业务问题相关的一般经验,或者展示相关业务实践的标准参考模型。作为回报,一家企业也将信息提供给其他企业。业务流程管理事件管理也对外部事件做出反应,比如原材料的价格变化,或者一般性宏观经济事件,如货币汇率的改变。这种 SOA 可能不止运用内部软件,并且借助因特网提供的应用服务,从而支持业务流程。它甚至可能借助网络服务平台,从中获取力量。

软件即服务（SaaS)将服务"租借"给用户，这样它就把这个概念往前推进了一步。对于很多内部和外部的软件用户来说，它已经是实施交付的首选模型了。在灵活性和效率方面，云计算和软件即服务有着相似的效果，因为它将流程与辅助硬件分离开来。这样，组织在利用组织内部和外部的关键资产时就具有更高的灵活性。

企业 2.0+

企业 2.0+这个概念定义了一种组织：在那里，网络 2.0+不再是"宇宙边缘"的一个模糊概念。网络 2.0+与业务环境紧密结合，如图 7-4 所示。

公司可能成为许多线上团体中的一员。想象一下，在类似优酷这样的视频网络环境中展示业务流程模型。企业可以发布流程模型，而不仅仅是上传视频。这些流程模型展现了它们的最佳业务实践，或者其他有趣的流程理念。这能够促进行业内和行业之间流程经验的交流。[5]

企业 2.0+不仅可以成为功能强大的组织的一部分，而且创造了多个组织之间的价值网络。举例来说，一家企业可以创建一个创新网络，包括用户、合作伙伴、研究机构、大学和其他在特定概念方面合作并从中获益的实体。这种情况甚至可以延伸至其他组织中。企业可以通过博客和其他流行的社交媒体设备，如类似推特之类的商业应用，来交流彼此的理念。

社交媒体可能还不是价值导向型业务流程管理中最为坚不可摧的一部分。举例来说，企业在创建流程组织的过程中，可能会应用社区建设软件或博客以征求股东的意见，并且将其作为业务流程管理社区（流程管理的流程的一部分）的关键组成部分。能够进行协作式流程设计的社交媒体应用，应该成为价值导向型业务流程管理的另一部分。

除此之外，企业可以运用社交媒体来改进操作型流程。举例来说，当特定事件发生时，比如企业提供质量低劣的材料，工作流软件可以触发一篇公示"博客"。这个流程的多个负责人以及与之相关的专家，可以在他们的手机或电脑上得到通知。世界各地的从业者可以开始诊断问题所在，并且在一家可追踪论坛中探索一种变通措施；从博客中获知这个信息,并将它放入与业务流程管理相关的系统中。

智能环境

到目前为止,这种将数据存入企业系统的标准方法已经度过了人工录入的阶段。通常来说,人工录入的方法成本非常昂贵,并且会引发拖延状况的发生。自动识别技术,如射频识别(RFID),促使数据自动生成。举例来说,一旦集装箱被装入轮船中,通过射频识别,这个信息就被自动地转移到软件系统之中。因而,人们可以在网络上获取这个信息。

结果,一种"智能环境"或者"物联网"就产生了。最终,这使得业务流程能够产生更高的业绩。但是,企业可以运用相似的流程,改进产品和服务,并创造许多"智能产品"。这些产品对外部环境非常敏感,例如无人驾驶汽车,在探测到障碍的时候会自动刹车。[6]

这种智能环境逐步弥补了真实世界和虚拟世界之间的差距。一旦在真实世界中越来越多的信息被数字化,这些信息就可以被用来作为虚拟世界的组成部分,允许实际测试,批准新的业务流程,在产品研发时减少运行流程模拟的风险,因为模拟中的风险正展现了现实中的风险。真实世界和虚拟世界之间的界限已经开始模糊。

在商业中,这意味着灵活性、效率和质量之间的差距正在缩小,因为透明度正在增加。

企业 2.0+所面临的主要挑战并不是去让技术得到完善,而是去找出合适的管理模型,这正是一种完美的流程管理的流程所提供的。企业 2.0+是价值导向型业务流程管理规则的一部分。网络 2.0+将权力下放,并鼓励创新。但是,企业如何保证员工人致力于完成企业的目标?一种传统的治理模型包含许多硬性规定和政策,而它在这样的一种环境中并不起作用(见第六章)。维基百科模型可以应用于这种环境,但是企业比知识社群如维基百科更加复杂。毕竟,错误信息的危害性极大。然而,Web2.0+社群为企业指明了通往未来的流程设计和实施之路。

企业 2.0+无疑是实施价值导向型业务流程管理的一种完美环境,因为它是迈向企业透明度的一大步。这种透明度是价值导向型业务流程管

第七章　价值导向型业务流程管理的信息技术

理的重要组成部分。企业 2.0+ 能够持续提供必要的信息，以做出及时决策，并执行实时行动。因此，战略和操作型业绩被紧密地连接起来。

企业 2.0+ 比任何单独的技术功能都更大，它为从业者创造了透明度，从而将一种价值框架带入脆弱的现实之中。组织能够实现高效率，也能进行更高质量的工作。它们能够敏捷地实现这些目标，较之以前，它们更加遵守法规。当企业在复杂角色和权限控制下应用开放式的延展技术，它就可以同时实现外部连接和内部整合了。[7]

最终，高业绩和价值导向型业务流程管理的成功，都取决于人和业务流程中的个人行动。在企业 2.0+ 实现其承诺之前，它需要被人接受，因为在高业绩的组织中，人是最重要的因素。他们需要懂得企业 2.0+ 如何提升整个组织以及组织所在的生态系统；他们如何为史无前例的创新打下基础、发挥重要作用。

本章注释

1. Chris Wilson and Julie Short, "Magic Quadrant for Enterprise Architecture Tools," Gartner, Stamford, CT, October 28, 2010.
2. August-Wilhelm Scheer, *ARIS: Business Process Frameworks*, 3rd ed. (Berlin: Springer-Verlag, 2000).
3. Mathias Kirchmer, *High-Performance Through Process Excellence*, 2nd ed. (Berlin: Springer-Verlag, 2011).
4. Mathias Kirchmer, Francisco Gutierrez, and Sigifredo Laengle, "Process Mining for Organizational Agility," *Industrial Management*, January/February 2010.
5. Mathias Kirchmer, *High-Performance Through Process Excellence*, 2nd ed. (Berlin: Springer-Verlag, 2011).
6. Elgar Fleisch, Oliver Christ, and Markus Dierkes, "Die betriebswirtschaftliche Vision des Internets der Dinge." In *Das Internet der Dinge: Ubiquitous Computing und RFID in der Praxis*, ed. Elgar Fleisch and Friedemann Mattern (Springer-Verlag: Berlin, 2005), 3–37.
7. Peter Franz, Mathias Kirchmer, and Michael Rosemann, "Value-Driven Business Process Management: Which Values Matter for BPM," Accenture and Queensland University of Technology, 2011.

第八章

管理价值导向型业务流程管理的信息模型

流程模型是业务流程管理的核心。企业的实际工作方式或预期工作方式通常体现在模型之中,这些模型可以用于交流、教育、设计、自动化和许多其他的目的。为了掌握价值导向型业务流程管理的管理规则,清楚地了解流程模型是什么,以及流程存储库如何帮助企业制作模型、管理模型,并提高人们对模型的认识,这些对于企业来说,都是非常关键的活动。本章中,我们转而讨论内容问题和内容管理,并且审视流程模型的制作和管理方式。

第八章　管理价值导向型业务流程管理的信息模型

从某种意义上说，创建并管理流程模型这种活动，是内容管理的一种特殊形式。这些模型本身就是内容。存储库是管理并提供内容的工具，正如纸张、Kindle（电子书）和 iPad（平板电脑）都可以成为同一本书的出版工具。当然，在流程模型这个例子中，内容是灵活应变的。它根据人们的需求随时更新，并且以多种形式提供给不同的群体。

一般来说，为了从技术和业务流程管理中获得预期价值，制作并组织正确的内容，选择并应用正确的工具，对于企业来说是至关重要的。许多企业在工具上投入大量资金，但是因为缺乏实质性的流程内容，所以它们没有充分利用或从未用过这些工具。接下来，我们将讨论创建流程模型和业务架构的内容之所以重要的原因，也将探讨存储库的应用案例、存储库战略和成功因素。我们提出以下问题："如何应用流程模型？""它们如何成为驱动价值的资产？"内容即资产，是一种重要的观念：知识被转化为流程模型和业务框架，并得到管理。这样，企业才可以持续地应用并重复应用它们，从而创造更多价值。

本章将继续讨论企业如何运用这种特殊的内容形式，将其作为根据企业具体需求进行调整的标准参考模型，进行内容建设和流程管理。这些模型包括流程模型和流程库，也可以包括价值成分，例如关键绩效指标框架、价值树、流程影响矩阵以及其他。

作为本章的总结，我们将讨论企业运用参考模型所获得的优势。通过这些应用案例，我们检验了企业应该如何应用、在何时应用参考模型，从而创造最大价值。本章结合了我们的研究成果，以及成功的企业在上述参考模型和框架之外所获得的实用价值。我们也将探讨为应用参考模型，企业即将面对的新型市场。

为什么你需要流程模型和存储库

随着 20 世纪 90 年代希尔建立的 ARIS 架构（集成式信息系统架构）、

Zachman 框架（扎克曼框架）以及美国国防部架构框架（DODAF)的兴起，流程框架开始遍布市场[1]。存储和部署这些模型的工具也开始进入市场，正如第七章所描写的，有希尔的 ARIS 工具箱，Provision, Casewise, Nimbus, System Architect,以及其他工具形式。工具越来越容易应用，并得到企业的广泛接受。人们急切地在企业建立流程模型，于是突然之间，组织中出现了很多存储库，遗憾的是经常没有人会注意到它们。人们为了建模而建模，却丝毫不了解建模的背景和出发点。这些模型极其复杂。在建立这些模型时，人们通常有这样错误的观念：购买存储库产品并建立模型，就等于建立了一种业务流程管理能力。

存储库是非常重要的，但是企业的真正效益却来自建立并应用流程模型的一种价值驱动方法。这意味着，在某种细节水平上了解这些工具的应用案例，了解流程实施过程需要的合适的治理方法和所有权；了解尽管软件能力有了巨大突破，组织内部、企业与合作者之间依旧需要很多员工的外勤工作、相互理解和积极参与。换句话说，正如书中所述，在实施存储库时，如果没有应用流程管理的流程（PoPM），企业很难创造显著的业务价值。如果存储库应用流程管理的流程，它就可以成为强有力的工具，在公司的各个阶层中改进并优化流程。本章中，我们将解释流程模型的基本原理，提出几种运用存储库的关键成功因素，也为如何寻找优秀案例提供指导。

流程模型和存储库并不是新鲜事物。在工业革命早期，它们就已经以材料生产线和物料清单的形式存在着了。如今，流程模型已经变得高度复杂，正如同辅助软件一般复杂。流程模型和存储库收集了一代又一代员工所积累的知识，并能够有效地修改旧流程或创造新流程。流程模型对流程做出结构化的、正式的描述，而存储库有组织地存储并管理流程模型，以便企业能够轻松地检索并再次应用这些模型。流程模型是价值导向型业务流程管理的主数据，我们运用流程管理的流程对其进行管理。

第八章 管理价值导向型业务流程管理的信息模型

流程建模和存储库的驱动因素

复杂多变的商业环境

多变的操作模型：一个部门中的操作流程的改变，可能会影响其他部门的流程和能力的改变。但是，企业如何记录这些改变呢？

并购和收购：在一家企业并购另一家企业时，这个联合企业如何加速并购的协同效用？在企业深刻地了解并记录流程后，巩固这些流程会更加容易。

全球化和新市场：企业在扩展很多新市场时，需要快速地了解新法规、习俗、贸易法以及其他规则礼节。因此，企业必须能够快速地建模、改革、并购以及存储流程。

全球供应链：企业的生态系统逐渐和供应链一样完善。在企业增加或改变合作伙伴时，它们能够使流程快速适应工作流，并将流程和工作流联系起来。这种能力反映了一种竞争优势——与价值相关联。

产品和流程创新：为流程建模，并记录流程，这样企业就可以发现流程效率低下的状况。如果企业能够去除流程中的"症结"，它们就可以加速产品研发或生产流程的生命周期。

更快的上市时间：如果企业可以共享，共同合作完成一个模型，并且拥有可重复利用的部件，那么一个远程的跨学科团队就可以制作这种产品，使其更快上市。

竞争加剧导致成本压力：为了在维持成本不变时继续改进并研发新产品和新流程，组织面临着很大的压力。流程存储库可以帮助企业协调实施效果好和效果坏的流程信息。企业具备这种总览全局的能力，因而可以快速决策，从而提高效率、增加并获得新成果。

日新月异的科技

新技术：在企业中，以用户为中心的技术弥补了流程设计和执行之间的缺陷。这些技术更加需要稳健精确且可以信赖的流程模型，不再需要大量的信息技术支持。

> **新概念**：如果没有一种结构合理的流程模型，那么模型驱动软件开发就不能得到良好运行。
>
> ### 变化中的社会经济学环境
>
> **老龄化劳动力**：很多劳动者拥有丰富的知识，在他们退休之前，企业需要吸收他们的经验，并将这些经验纳入流程资产之中。
>
> **知情客户和要求型客户**：你为什么不能快速地找到失踪的运输船，就像你在谷歌地图上找到一个地址一样？组织逐渐需要具备快速回复的能力；为了给用户提供答案，各种流程需要被紧密地结合起来。

存储库的用途

在本章中，我们主要将存储库的内容——流程模型作为重点。这些模型与存储库实施所需要的工具（软件）相反（见第七章）。此处，存储库的内容是流程模型，而不是软件产品。我们将观察各种存储库的逻辑配置。

存储库是一种存储、检索和再次应用流程模型的环境。流程模型记录企业的运作方式。这样，企业在需要时就可以参考这些内容，并做出改变。存储库包含最佳实践和流程模型，以及多年以来企业所进行的创新活动和流程改进。当企业需要创造并修正流程时，借助这些模型，从业者就知道从何处开始，避免从头再来。当然，只有企业中具备流程管理的流程和流程文化，这种情况才会发生。之后，人们意识到存储库的存在，期望在工作过程中运用它，并且知道它包含有价值的信息。

正如我们在第一章和第二章中所描述的那样，透明度处于价值导向型业务流程管理的核心。一个结构合理的存储库可以为企业提供这种透明度。表8-1中详细列出了目标客户、主要应用案例以及存储库的优势。

第八章 管理价值导向型业务流程管理的信息模型

表 8-1 存储库的应用案例

目标受众	应用案例	优 势
企业受众人员	推出战略改革，例如业务改革或将一种新型的操作模型加以执行	改革的操作化，流程运转的透明度
受影响的企业部门，ERP模型的IT负责人	促进实施大型应用程序，例如ERP	关于ERP系统和新型to-be流程业务内容的透明度；重点为ERP实施的业务产出
流程负责人，企业	定义关键业绩指标/度量标准的测量点	端到端流程的可见性
确立企业战略的高管人员	支持新流程的创新	进行流程模拟，测试流程；透明度的影响
受影响的业务部门，监察部门	优化或使合规	规定工作步骤的确切定义；日常流程中的程序整合；透明度；规定的存档
企业，信息技术	获得关于培训和教育的知识	将知识转化为可重复利用的资产，鼓励新员工入职；减轻对关键技能人员的依赖
人力资源，受影响的企业部门	用图表精确地绘制所有相关任务，创建职位描述	将职位与全部流程整合时，以客户/市场为重点
风险部门，受影响的企业部门	改进风险管理	直接将风险管理系统与日常流程整合起来
信息技术	巩固应用程序	减少负面业务影响的风险，获得业务改进的机会
所有受影响的业务部门	促进流程改进活动	企业范围内的效益
信息技术，财务	推动流程导向型系统整顿	简化系统布局
企业，信息技术	在为软件开发研制的业务流程管理模型之间"搭建桥梁"	更迅速地研制软件，以更好地满足企业的需求；明确传达各种规定
监察部门	优化或使合规	流程可以重复执行，也具备合规性

为了创建价值导向型业务流程管理的存储库，关键是要弄清楚企业建立存储库的目的。你不需要拥有所有案例的详细模型，只要清楚企业的预期成果，把相关流程的细节放入存储库中，就足够了。

存储库战略的五个关键部分

存储库的经典错误，是省略或只完成了五个关键部分之一（见图8-1）。为了从这个系统中得到更多效益，你需要回答一些基本问题。其中，最重要的问题是"为什么我们要做这些？"你可能完美地实施了存储库的各个方面，但是如果没有清楚的应用实例，企业依然可能得到不合格的结果。

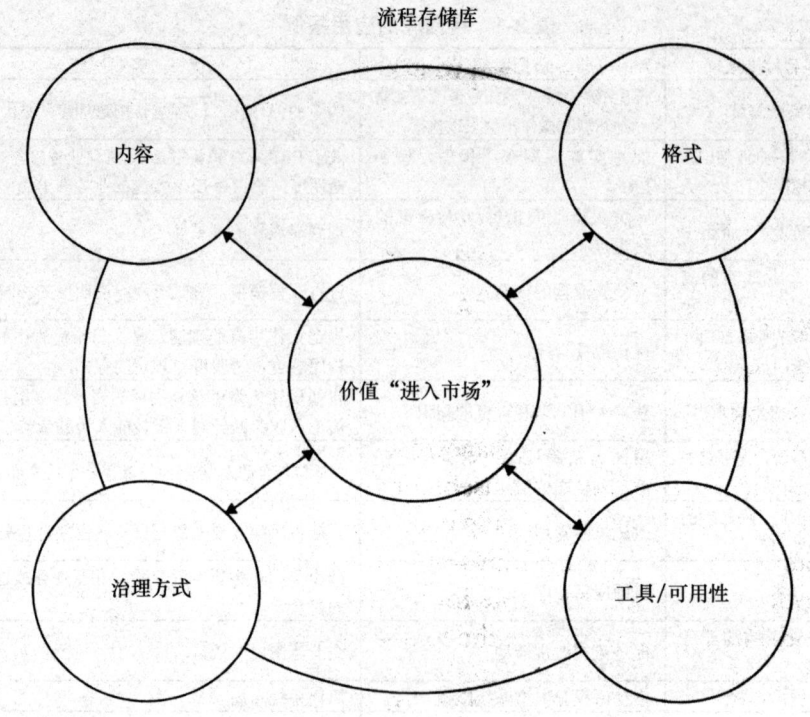

图 8-1 一种存储库战略的关键部分

在下面的章节中,我们将探讨每个关键部分,并提出问题——这些元素如何成为存储库的组成部分。

走向市场:应用案例有哪些

许多建模活动都失败了,因为从业者并未确定目标。实际上,在准备开始之前,从业者就应该能够回答以下问题:"这个模型的主要价值产出是什么?"本章之前的表 8-1 中,已经展示了几种常见的主要价值产出。

内容:描述什么

为了支持应用案例,你需要什么类型的内容?事实上,内容取决于应用案例。假设企业的应用案例是风险管理，那么我们的目标就是要去研究哪些风险会影响企业流程，以及每种风险如何影响具体的流程。接下来，你应该辨别，为了减少或调节风险，哪些事情是必须要做的。从这个角度来说，询问多个部门或者部门领导关于风险的意见是非常重要的。举例来说，首席信息官可以辨别信息技术风险，而首席财务官能够辨别财务风险。企业如果实施上述步骤，就能够确保存储库的内容是有根据且有帮助的。

格式：如何描述内容

企业采用一种纯文本格式来记录整个流程是非常有可能的。但是，考虑到有些流程非常精细复杂，记录文档可能有上千页，所以很少有人会认为这个长文档有用，或者说很有吸引力。从业者使用图解模型，能够更容易地解流程之间的关系。可供企业选择的格式有很多——举例来说，在ARIS工具箱中就有超过200种建模方法。以下是一些核心建模方法：

- 事件导向型流程链（EPC）。
- 业务流程建模标记法（BPMN）。
- 增值链图。
- 功能配置图。
- 实体关系图。
- 功能树。
- 组织图。
- 价值树。

每种方法又包含很多变量——这既是优势又是劣势。因为从业者在找到一种与处境精确吻合的模型时，他们会惊喜万分，导致建模工作会很快失控。

我们建议，企业应该采用一种尽可能简单并且方便使用的格式。举例来说,在活动最初时,埃森哲咨询公司对超过 50 个建模流程产生了"浓厚的兴趣",而之后,在公司内部的存储库中,采用不到十种建模方法,就能够涵盖全部内容。我们需要保证流程的质量和一致性,为了做到这一点,将这十种方法作为重点,是非常关键的。

存储库的战略规定是:企业只为最有效的应用建模。而治理方式则强制实施这种规则。

治理方式:如何控制存储库的发展和维护

在组织中,如果每个人都重视建模流程,那么某些人或者组织的某些部门必须负责决定优先为哪些流程建模,并实施存储库的规则。在一个集中存储库中将少量流程标准化,会稍微控制一下流程的混乱状况。但是,如果每个人都将自己的模型加入存储库中,那么这种混乱状况也会"卷土重来"。为了进行创新,组织必须能够接受新观念,但是它也需要建立一种系统,根据新观念的重要程度排序,才能将新观念放入存储库中。因此,企业应该建立一种"许可和提交顺序"的等级制度。在建模流程开始时,你需要询问自己一些问题,以下是部分问题样本:

- 当有些事情发生改变时,存储库的对策是什么?
- 谁能够规定必须改变一种流程?
- 谁能够确保存储库能够反映流程变革?
- 谁是流程的负责人?谁能够优先选择发布并更新一些流程?
- 谁能看到存储库的内容?
- 谁能修改存储库内容?
- 我们是否拥有存储库开发和运行环境?如果有的话,我们应该在何时将内容从开发环境转移到运行环境中?
- 谁来进行存储库的质量保证(QA)?
- 我们如何衡量存储库的成功度?

第八章 管理价值导向型业务流程管理的信息模型

> **使流程恢复正常**
>
> 正如我们在第五章的附加栏中所提到的,几年前我们与一家保险公司进行合作。为了处理索赔业务,它采用了一个业务流程管理系统和自动化系统。但是之后它才意识到,在公司经常处理的七类索赔中,这个系统只能处理两到三种索赔。在企业开始实施流程的自动化时,它突然需要员工为索赔分类:哪些流程可以应用自动化流程,哪些需要人工处理,之后才能得到相应结果。这并没有为企业带来透明度、灵活性或效率,结果恰恰相反:它需要更多的员工,耗费更多的时间。因为员工会犯错误,所以质量毫无疑问地也会降低。
>
> 为什么会出现这样的情况?原因是,这家保险公司没有花费足够的时间来制作流程模型。它的流程模型没有包含所有相关的案例和规则。制作流程模型包括规定内容方针和标准。你需要一些建模指导方针和案例,需要改变流程的治理规则。

可用性和工具:应用什么软件

一旦企业确定了应用案例、内容、格式和治理方式,接下来就需要从业者来选择存储库的最佳软件工具环境了。请注意,我们建议从业者要首先确定希望完成的工作,之后再找到支持工具,而不是实施相反的步骤。目前的趋势是,从业者在企业询问基本问题之前就为购买和比较工具伤透脑筋了。问题包括以下几个:

- 对我们来说,最好的存储库工具是哪一个?我们需要哪些部分?
- 从技术角度来说,我们应该如何管理工具?
- 我们如何在组织中应用这种工具?
- 我们能够在多大程度上定制用户界面?
- 怎样才能增加工具功能,并调整工具的应用,从而满足我们的需求?
- 如果存储库中包括所有流程的内容(参考模型),那会怎么样?

- 这种工具是否会帮助企业采用一种特别的方法？我们是否想要运用这种方法？

为了支持流程模型，企业通常设置流程顺序是这样的：确定应用案例；确定内容；选择工具；选择格式（经常由支持这种格式的工具决定）；建立一种治理系统。

用户需要正确地理解流程管理的流程的每个要素的应用案例，这和其他流程相同。存储库毕竟只是一个数据库。为了有效地运用它，组织需要建立一些合适的规则、程序和应用。

流程存储库取得成功的因素

流程存储库有几个关键的成功因素。在创建流程的过程中，应该经常检查存储库的状态。首先要避免一时冲动一次性完成全部流程——同时为每个流程编撰目录并且建立模型。正如之前所陈述的，最好将重点放在之前确定的关键流程上，因为这些决定着改进活动能否完成。

实现短期的成功

为流程建模是一个劳心费力的过程。如果在完成一个流程建模项目之前你就开始感到疲劳，那么这个项目很有可能会失败。确定优先处理的流程，并快速取得胜利——以最小努力获取最大回报——可以"挽救"一个项目，并为运行更多的项目奠定基础。

为了实现有目共睹的业绩改进，首先需要制订计划，采用更好的流程（见第四章）。如果组织的其他部门及流程从业者亲眼看到这种建模项目取得了成功，就会有更多的人接受这个项目。参与改进的员工应该得到认可以及奖赏，因为这展示了流程建模是一项非常重要的活动。一个高影响力流程的精确框架式模型，比一个低战略性流程的详细模型更加有效。之后，这种框架型模型会被加入更多的细节。

> **一些取得短期成功的例子**
>
> 　　一家消费品公司需要改进一部分供应链的风险管理水平,这家公司只为那些受影响的子流程建模。建模过程非常精密,并被放入整个供应链模型中。这样,子流程的风险手册就迅速产生了。
>
> 　　一家电信公司实施了一种新型客户关系管理(CRM)系统,用来支持一些面向顾客的流程。为了执行这个系统,这家公司实施了一种自行研发的产品检测模型,然后重复利用这些模型,制作了一份员工培训手册。
>
> 　　一家全球服务公司,采用了一种高水平的流程结构。根据这种结构制订了应用计划。它采用这种结构,使信息技术发挥更有效的作用。然后,为了应用那些需要进行再设计的流程,公司更加仔细地研发这种结构,再次利用之前项目所获得的一些收益。
>
> 　　一家领先的医学技术公司,需要将业务从售卖医疗设备转为服务。伴随这种改变而来的是更长的销售周期、更加密集的售前咨询和配置,以及即时服务。它与埃森哲咨询公司进行紧密合作,共同创建一种流程。这样,这家公司确定了 24 种不同的变革,以及一些能付诸实践的高回报项目。最后选择的变革包括修改审计流程、实施明确期限。某项变革在降低管理成本的同时,也能够将报销流程的速度提高三倍。

树立紧迫感

　　开始实施一种建模活动之前,首先审查公司的业务及信息技术的问题和机遇。那些最成功的流程建模活动,需要与影响企业的"痛点"相关。众所周知,如果员工知道负责人期待他们完成项目,那么他们一定会压力倍增。因此,获得行政管理层对建模活动的支持,能够极大地帮助实现目标,并逐渐为企业灌输一种紧迫感。

一种综合观： 价值导向型业务流程管理的愿景和战略

当一些建模和存储库项目与价值产出相关联时，正如我们在第四章所描述的，这些项目自然是最成功的。如果你可以展示出改进流程和价值产出的关联点，那么确定流程建模和改进的实施方法，并且获得管理阶层和"下游"员工的支持，就非常容易了。

一种明确定义的框架

详细定义业务流程存储库框架、标准和指导方针，可以帮助项目实现良好运转。企业需要以一种系统化方法遵守战略原则，以免混乱状况接踵而来——这是存储库治理的关键作用之一。建立一些标准和指导方针，包括在存储库中设置一些合适的"过滤器"，可以巩固合适的格式和方法和运用。

培训和交流

在开始实施存储库项目时，首先需要评估培训要求，并制订一个交流计划。你应该将可见的业绩改进并入计划之中，因为它们可以共同促进项目取得成功，实现存储库的最大影响。如果许多成功故事与这个交流计划交织在一起，那么计划的可信度会得到提高，你就可以扩大项目的范围，改变其他不符合交流计划愿景的系统、结构和政策了。

存储库成为组织的一部分

流程存储库包含组织中全部流程的主数据。企业需要以这样一种方式存储主数据，这样整个企业就可以轻松地获取并分析信息。而且，主数据应该尽可能地符合企业目前的状况。存储库应该纳入组织的基础设施中，这样它就能够支持价值导向型业务流程管理的各个方面，尤其是业务流程管理交付的子流程。在组织中，那些负责提供业务流程管理的人必须学会如何应用存储库中的模型（见第三章）。

无论组织需要在何时改进流程，它都能够获取这些主数据。通常来说，在企业的存储库中被挑选出的信息可以放入流程执行系统中。有些系统包含自己的小型存储库，它们与系统准备执行的流程部分直接相关。在开始实施流程前，这些流程执行系统存储库需要从企业存储库中获取内容。

存储库应该纳入组织的基础设施以及员工的培训进度表之中。基于 PC 的初次培训活动应该包括流程建模和存储库的单元。

创建流程存储库的常见错误

有些组织急于发展自己的存储库战略，但却不具备规范的方式。在咨询了它们的情况之后，我们发现两种常见的错误会重复出现。

无方向的记录：一家消费品公司根据 43 种建模方法，足足创建了超过 600 个模型。但是，在超过一个月的时间里，只有一位用户浏览了公司的存储库。从实用角度来说，这个团队创建了太多模型，而这些模型因为太过复杂，非常不实用。相似的是，在另一家商品公司中，一支 12 人的团队全天工作，为人力资源流程建模。他们花费了六个月时间，创建了上百个模型。然而，流程中却没有明确的应用案例，而且管理方式也不明晰。这家企业被迫重新开始，因为领导阶层当初并未考虑过模型的用途。在被迫延长的这段时间里，当初建模时的业务环境已经改变了。

使用错误工具：许多组织用一种绘图工具如 Microsoft Visio（微软绘图工具）代替流程建模工具，从而节省开支，或避免应用新软件所需的学习曲线。在这些案例中，投资的回报通常很低，因为这些标准业务软件不能精确地展现流程之间的关系，它们的动态更新能力、变更记录能力以及合作能力非常有限。除此之外，这些软件很难处理大模型。很显然，它们已经远离潮流了。

参考模型：你为什么需要它们

许多组织是将参考模型作为活动的出发点，而不是从最初就开始准备存储库内容。

关于参考模型，人们存在不同程度的困惑。许多人认为，参考模型是一系列锁定的、逐步实施的指导方针，为实施具体流程作准备。事实上，参考模型是一种通用的概念模型。它是为特定流程准备的一种正式的推荐实践。[2] 参考模型有以下特点：[3]

- 最佳实践或通用实践的展示：参考模型提供了业务运行的最佳实践。
- 普遍适用性：参考模型提供的业务内容，不仅仅是个人的事情。这意味着它们不仅可以应用于单个企业，而且可以应用于相同产业范围内的绝大部分企业。
- 可重复使用性：参考模型是一种概念框架，因此在许多信息系统项目中，企业可以重复应用它们；企业只要简单地调整它们的结构，就能够适应公司的状况。

参考模型的价值是，用户可以从其他人的经验中受益。参考模型是一种流程元素的通用语言，它们可以用来：建立信息模型和存储库、培训员工、规划项目范围以及规划如何与其他公司和行业的相互作用。

参考模型不是某些特定流程的权威模型，也不是这些流程的陈述或要求，而是一系列与特定话题有关的有效流程、一般知识以及最佳实践。我们赋予它们一种结构化的格式，从而应用于具体业务中。

软件供应商也开始应用参考模型的可重用性。大型公司如埃森哲咨询公司或思爱普公司（SAP），小型企业如普罗林克公司（PROLink），都开始"生产"各个行业和应用的参考模型或部件。

企业运用参考模型的原因有很多。美国生产力和质量中心（APQC）调查了许多企业，表 8-2 总结了一些首要原因。

表 8-2 应用参考模型的动机（来源：美国生产力和质量中心）

答　案	占　比
业绩管理和度量标准	61%
那些具有交叉功能的关键流程的定义	45%
内容管理系统/知识管理	30%
重组/再造项目，收购，剥离等	29%
企业流程分类——企业操作的基础（例如，整个企业应用的技术和/或工具）	29%
遵守外部标准（例如，国际标准化组织 9001）	17%
会计；会计管理系统或基于活动的成本核算方法	14%
不使用框架	12%
其他	20%

改进业绩管理和度量标准无疑是一个巨大的动力，61%的受访企业这样表示，具有交叉功能的关键流程也很重要——跨越企业各部门界线的流程（45%）。根据美国生产力和质量中心与埃森哲咨询公司的联合报告，最佳参考模型需要经过多年研发，它们包括"不仅是简单的操作组合，而且有有价值的内容，例如，由交叉功能流程链组织而成的价值流，关键绩效指标/相关基准数据；以及在一些案例中与操作组合和最高业绩相关的最佳实践。"[4]

关于参考模型的价值，有个极佳的案例是一家全球服务公司，在超过一年的时间中，该公司以一种可靠、全面的方式记录了公司的结构。

这家公司共有五个主要部门，每个部门都遵守自己的建模规则。每个部门的负责人都坚信，自己的流程模型展现了他们的世界观，是企业中最重要的流程。正是因为这种僵局，所有的工作都被迫停止。

引进一种全球服务的参考模型，使企业能够在重新开始这项活动时保持中立态度。根据这个参考模型——行业调查研制的一种通用标准，关于全球服务公司应该如何操作——这家公司做出了妥协。与其每个团队都争论自己的版本是最好的，不如根据这种参考模型，"采用一种通用的语言"。在企业中运用高级行业模型，将操作模型分解开来，同时应用于每个部门主管的工作中。每个部门的模型可以放入主要模型之中。几个月之内，公司就能拥有了一种可以用来巩固系统、改进流程以及增强部门之间的合作模型。因为之前企业的部门结构非常封闭，这导致了部门间的合作困难。

参考模型的类型

对于各行业以及各种应用案例来说,参考模型逐渐成为它们的目标和重点。随着越来越多的组织意识到现有流程的潜在价值,在观察到市场竞争者采用卓越流程取得成功后,它们也发现了自己的改进空间。因此,它们的选择也越来越多。学术结构、行业组织、软件公司以及相似的咨询公司等,已经意识到了参考模型的价值,并开始创建自己的参考模型。以下列出了几种重要的参考模型。

1. 行业参考模型展现了具体行业部门的最佳实践,例如银行业和消费性包装产品。

- eTOM(增强型电信运营图),由 TM 论坛发表。
- 埃森哲业务流程参考模型,可以应用于以下领域中的 71 个行业(部门):
  - ◆ 公用事业
  - ◆ 能源
  - ◆ 化工品和自然资源
  - ◆ 银行业和保险业
  - ◆ 通信
  - ◆ 工程学和高科技
  - ◆ 消费产品和服务
  - ◆ 健康和生命科学
  - ◆ 邮政
  - ◆ 人力资源
  - ◆ 流程管理的流程
- APQC(美国生产力和质量中心:流程分类框架)。
- 希尔 Y 模型。

2. 行业组织中的特定领域参考模型
- APQC(美国生产力和质量中心:流程分类框架)。

- 供应链运作参考模型（来自供应链协会的供应链运作参考模型）。
- DCOR（来自供应链协会的设计链运作参考模型）。
- CCOR（来自供应链协会的客户链运作参考模型）。
- VRM（来自价值链团队的价值参考模型）。
- ITIL（信息技术基础构架库）。
- 埃森哲服务线业务流程参考模型。
    - 人力资源。
    - 价值导向型业务流程管理（流程管理的流程）。
    - SCM（供应链管理）。
    - CRM（客户关系管理）。

3．软件和信息技术参考模型

- 作为软件产品一部分的软件参考模型（比如由思爱普或甲骨文公司提供的模型）。
- 分散放置的软件参考模型（比如咨询公司）。

4．程序参考模型体现了具体程序的最佳实践。这些程序不是组织日常操作业务的一部分（比如一种项目管理参考模型，或者用来建立业务流程治理方式的参考模型）。

- 项目管理（PMBOK)。

5．企业参考模型体现了企业或企业集团中的最佳实践（例如向销售子公司推出的销售流程）。

- 西门子参考流程仓库（RPH）。
- 空气产品。
- 其他模型。

行业组织中的功能模型：供应链运作参考模型

供应链协会所创建的供应链运作参考模型（SCOR），在世界各地广泛应用已经超过十年，目前正处于其第十个升级版本。[5]这是一种业务流程参考模型，包含全部供应链活动，从供应商的供应商到客户的客户，包括：

- 所有与客户的相互作用,从订单输入到已付发票。
- 所有产品(实体产品,服务等)交易,包括设备、供应品、备件、散货以及软件。
- 所有与市场的相互作用,从对总需求的理解到订单执行。

供应链运作参考模型包含流程四个层次的细节,如图 8-2 所示。最高层(流程类型)规定了模型的范围和内容。它包含五个最高级流程,即规划、来源、制作交付和回报。

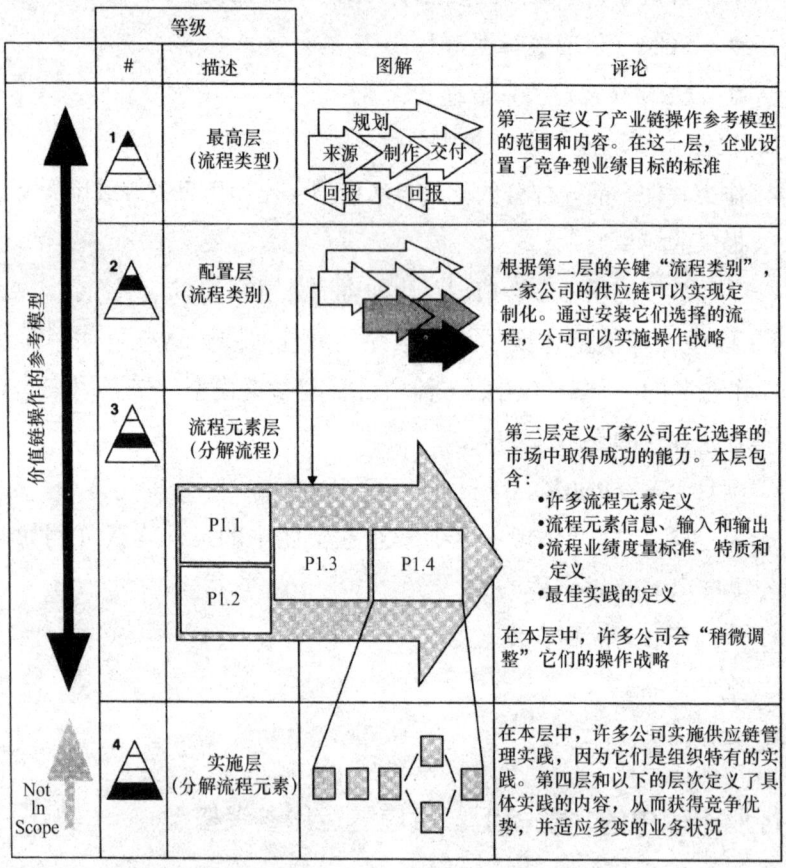

图 8-2 供应链操作参考(SCOR)模型所包含的层次

P1.1:识别、选择并汇总供应键需求;P1.2:识别、评估并汇总供应链需求;
P1.3:平衡供应链资源与供应链需求;P1.4:建立沟通供应链计划。引用需得到 Supply Council Council 的授权。

供应链运作参考模型的第二层——配置层包含超过 30 个流程类别,如存货生产、订单生产、订单设计和生产执行。企业可以应用这些流程类别配置供应链的各个部分。企业通过实施这些配置流程完成经营战略。

供应链运作参考模型的第三层,即流程元素层(分解流程),调整公司的运营状况。它包含以下内容:

- 许多流程元素定义。
- 流程元素信息、输入和输出。
- 流程业绩度量标准。
- 最佳实践。
- 为支持最佳实践,企业所需的系统能力。
- 应用系统和工具。

公司在第四层(更加详细的层次中)实施供应链的解决措施。第四层或称实施层(分解流程元素)规定了哪些实践能够用来实现竞争优势,或适应复杂多变的业务状况。这一层是企业特有的,它并不属于供应链运作参考模型的范围。

行业组织的功能模型:价值参考模型

价值链团队的价值参考模型(VRM)(见图 8-3)将重点放在完整的价值链上,[6]是一种跨行业的分析性模型。它运用流程中输入和输出信息的关系等级,为业务流程建立了一种分类计划。它建立了最佳实践和度量标准之间的结构关系,帮助企业为那些最关键的流程分类。

行业和功能模型:美国生产力和质量中心流程框架

自 1992 年以来,美国生产力和质量中心(APQC)研发了很多以行业为中心的模型和功能模型。其中最有名的是"流程分类框架"(PCFs)。

企业最初的目标是应用它们为实施业绩管理初步活动提供帮助。但是，这些流程分类框架目前已经扩展到广泛应用的业务流程管理参考模型中。美国生产力和质量中心与埃森哲咨询公司、供应链协会、电信管理论坛和价值链团队进行合作，希望帮助组织改进模型。行业和功能框架包括以下几种：

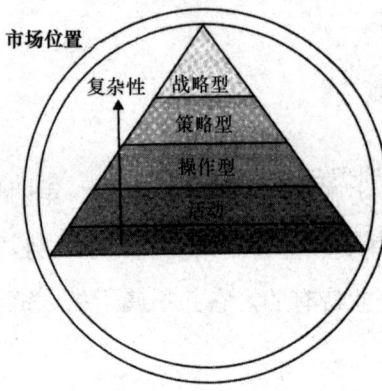

图 8-3 价值参考模型

版权归 the Value chain Group 所有，引用需经 theValue Chain Group 授权。

- 航空防务
- 汽车行业
- 银行业
- 广播
- 消费品
- 电器设施

- 石油下游（精炼，分配）
- 石油上游（提炼）
- 制药
- 电信

基于软件的参考模型

许多 ERP 系统的供应商研制参考模型，部分原因是为了阐明系统的业务内容。他们在这方面取得了很大成就，这种模型能够将软件应用与业务内容联系起来。

作为 ERP 软件的主要供应商，思爱普公司（SAP）将很多经验和企业流程投入到参考模型之中。其 ERP 软件支持的那些流程，现在包含了市场上的主要参考模型之一。甲骨文公司和标准企业 OASIS 也分别建立了自己的参考模型。

学术界的行业参考模型：希尔 Y 模型

希尔的 Y 模型是一种行业企业的参考模型，目前已经应用于多个行业部门之中。图 8-4 展示了许多分散的制造企业中应用的 Y 模型的最高层次。Y 的左边展示了与订单相关的全部流程，右边展示了注重产品的全部流程。在水平方向，Y 获得了执行和规划中的流程。在 Y 的上方，规定了很多核心支持流程。

许多人，甚至业务流程管理的从业者，其实并不了解制作参考模型这项工作的广度和范围。一旦人们知晓了这一点，通常会发生两件事，他们会去找一种参考模型：或者直接应用于业务，或者从中获得灵感；他们开始考虑利作自己的参考模型，从而应用于业务的具体部门，并把这作为一种获取知识的形式。刚才展示的信息可以帮助你开展任何一种活动。

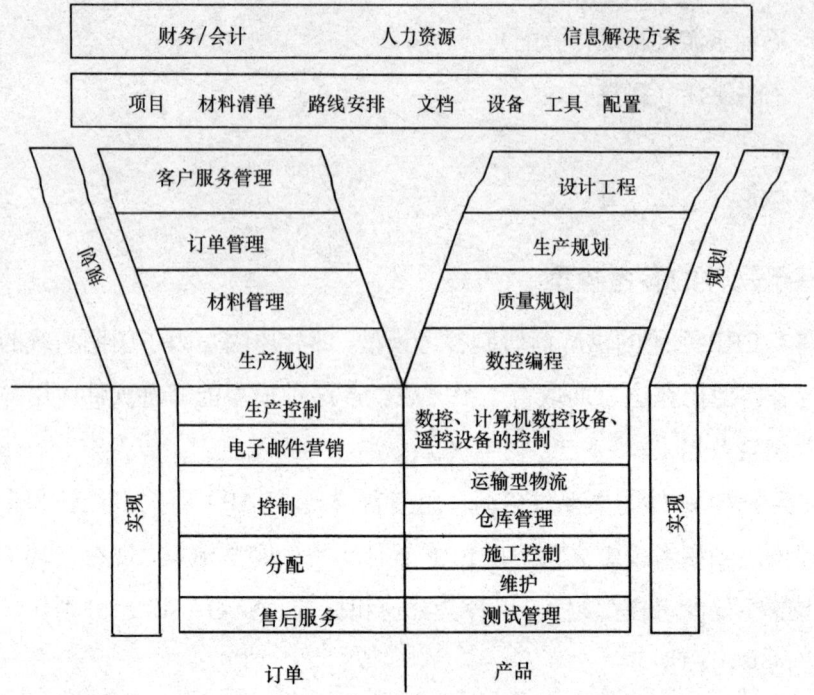

图 8-4 希尔的 Y 模型

本章注释

1. August-Wilhelm Scheer, *ARIS: Business Process Frameworks,* 3rd ed. (Berlin: Springer-Verlag, 2000);

   Carol O'Rourke, Neal Fishman, and Warren Selkow, *Enterprise Architecture Using the Zachman Framework* (Boston: Course Technology, 2003);

   Anne Lapkin, "The Seven Fatal Mistakes of Enterprise Architecture," Gartner Research publication, ID-number: G00126144, February 22, 2005; and

   James McGovern, Scott W. Ambler, Michael E. Stevens, James Linn, Vikas Sharan, and Elias K. Jo, *A Practical Guide to Enterprise Architecture* (Upper Saddle River, NJ: Prentice-Hall, 2004).

2. August-Wilhelm Scheer, *Business Process Engineering: Reference Models of Industrial Enterprises,* 2nd ed. (Berlin: Springer-Verlag, 1994);

Peter Fettke and Peter Loos, eds, "Classification of Reference Models: A Methodology and Its Application," *Information Systems and E-Business Management*, 1(1): 35–53; and

Wolfram Jost, *EDV-gestuetzte CIM Rahmenplanung*. (Wiesbaden: Gabler, 1993).

3. August-Wilhelm Scheer, *Business Process Engineering: Reference Models for Industrial Enterprises,* 2nd ed. (Berlin: Springer-Verlag, 1994);

Peter Fettke and Peter Loos, "Classification of Reference Models: A Methodology and Its Application," *Information Systems and E-Business Management*, 1(1): 35–53;

Wolfram Jost, *EDV-gestuetzte CIM Rahmenplanung* (Wiesbaden: Gabler, 1993);

Peter Fettke and Peter Loos, eds, *Reference Modeling for Business Systems Analysis* (Hershey, PA: Idea Group, 2007), 1–20; and

Mathias Kirchmer, *Business Process Oriented Implementation of Standard Software: How to Achieve Competitive Advantage Efficiently and Effectively,* 2nd ed. (Berlin: Springer-Verlag, 1999).

4. American Productivity and Quality Center, "Using Process Frameworks and Reference Models to Get Real Work Done: APQC Best Practices Report," APQC 2011.

5. Supply Chain Council, ed., "Supply Chain Operations Reference Model: Plan, Source, Make, Deliver, Return," Version 8.0, 2007.

6. Value Chain Group, ed., "Value Reference Model: VRM Methodology Coverage," accessed July 31, 2011, http://www.value-chain.org/value-reference-model/.

第三部分
价值导向型业务流程管理的现在与未来

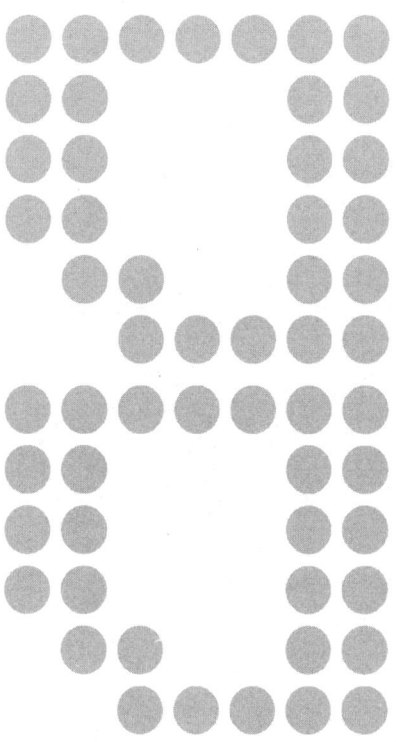

第九章

价值导向型业务流程管理实践

许多企业已经成功地将价值导向型业务流程管理应用在了实践当中。在运用业务流程管理解决问题时,每一种实践都面临着独特的挑战和选择,但是它们都从业务流程管理的实施过程中受益良多。

在本章中，我们将详细探讨四个案例。从石油和天然气到高科技工程学，再到化工和服务。每一家企业都意识到，它们需要应用价值导向型业务流程管理的流程（PoPM），才能优化流程，减少许多重复的软件，避免在实践中造成浪费，并提高效率。这些真实的经验——我们与一些公司进行交流而得到的，这些公司都属于本行业中规模最大的且最有影响的企业——也阐述了价值导向型业务流程管理如何在一系列步骤中提高企业的成熟度，并获得生命力。

在每一个案例中，解决业务目标之间典型冲突的关键因素正是透明度，我们在第二章的讨论也强调了这一点。透明度是企业实施流程管理的流程的主要成果之一。

案例1：一家全球石油和天然气公司的价值导向型业务流程管理

一家全球石油和天然气公司，运用价值导向型业务流程管理来支持并购后的企业整合。在并购后，这家公司内留下了很多冗余的业务流程，妨碍了企业遵守一些更为严格的规章制度。这个案例非常具有说服力。在我们首次访问这家公司时，一位高管告诉我们："问题不是节省开支。如果我们不能遵守企业对安全和合规性的要求，那才会一败涂地。这正是我们的重点。"通过建立一种业务流程管理 BPM 卓越中心（CoE），挑选出一种存储库工具，并绘制一张战略路线图，这家公司如今已经拥有了协调统一的业务流程，既降低了风险又提高了透明度（见图9-1）。

触发点：并购和收购合理化

这家石油和天然气公司与市场上的另一家公司进行并购，然而它发现自己正面临着一个困境。两家企业的业务流程急需整顿：有些流程是重复的，有些流程的标准完全不同，或者对企业来说是多余的。这些流程不仅是根据不同的标准设计的，而且需要多种业务流程管理工具才能

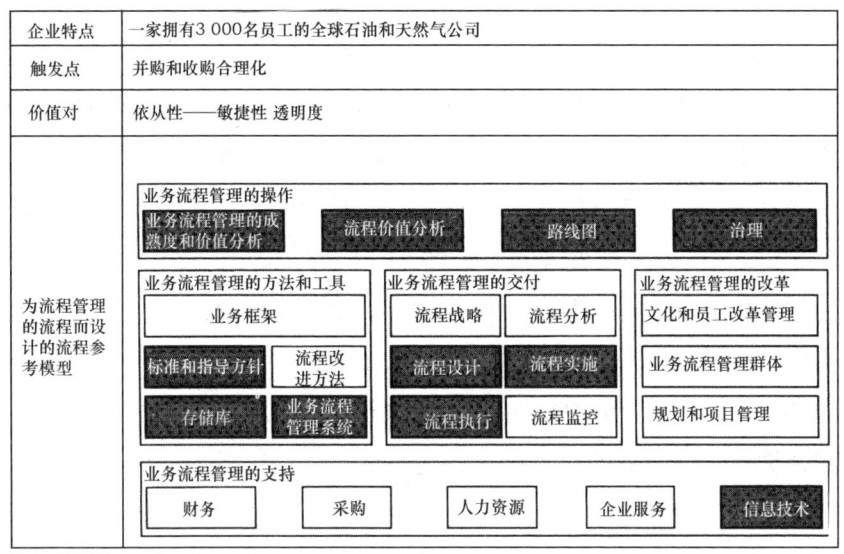

图 9-1　全球石油和天然气公司的流程参考模型

适应不同的业务环境，任务和工作流的可见性非常有限。在一种高度管理化的行业中，使流程和程序遵从内部安全、卫生和环境法，才是企业的重中之重。因为企业中有剩余的标准和存储库，所以，提高多种业务流程管理能力，是从业者迫切需要完成的任务。在这家公司，合规性和灵活性之间的局面非常紧张。除此之外，它还需要实现并购后的业务整合，并建立机制，从而增强流程的合规性。这家企业了解到，实施全面的业务流程管理能力改革能够显著提高流程的效率和透明度。因此，它准备建立一个灵活简练的平台，用来辅助改进后的新型业务流程管理能力，并为所有业务流程、流程模型和相关内容创建一个存储库。为此，这家公司需要用一个最佳平台代替多种业务流程管理工具。我们的参与，正帮助这家公司缩小了潜在供应商和平台的范围。

价值导向型业务流程管理是如何提供帮助的

应用价值导向型业务流程管理，这家公司在多个领域取得了成就，企业也接触到流程管理的流程的多个领域。

我们举办了一次研讨会，主题是存储库（业务流程管理的方法和工具：标准和指导方针/存储库），确定了一些应用于整个组织的新型标准流程。为了采用切实可行的方法运行存储库，我们确立了一些建模标准和指导方针。在项目开始时首先建立一种参考模型，会加快这一努力过程；如果没有这些指导方针，就等于没有了方便检索的储存模型的规则。

为了分析这些流程能力，我们实施了流程价值分析（业务流程管理的操作），首先分析那些已经建立的流程。对于任何与开采资源相关的能源公司来说，安全是企业首先考虑的问题。因此，我们首先分析与安全和合规性程序相关的现有内容，我们将这些程序放入流程模型中。然后，为了更好地分配这些内容，这家公司又增加了一个工作流系统，用来发送一些与治理方式和安全相关的格式和文档。

企业的重要任务之一是选择一种能够支持所有流程模型的业务流程管理平台，包括一种新型的工作流系统（业务流程管理方法和工具）。我们帮助这家公司规定了企业的要求，征求并审核了油田搜索提案，并且确定了几家软件供应商的名单。最终，这家公司选择了集成式信息系统架构。

为了实施业务流程管理，这家公司正在寻求一种更加标准化的最佳实践方法。为了做到这一点，公司创建了全球业务流程管理 BPM 卓越中心，用来推进流程管理的流程（业务流程管理的操作：治理）。在人的方面，BPM 卓越中心优化了流程管理的内部标准，创建了更多的角色，并且向 BPM 卓越中心的员工以及多个部门的流程负责人提出相应要求。在软件方面，BPM 卓越中心也提供了建模服务，召开很多建模研讨会，提供工具支持以及业务流程管理模型转换。

通过规定业务流程管理员工的合适规模，并且建立与流程改进提案和

第九章 价值导向型业务流程管理实践

其他业务流程管理初步活动的单点联系，业务流程管理 BPM 卓越中心为企业节省了开支，也提高了效率。而且，BPM 卓越中心也存储了关于在未来如何利用业务流程管理的知识。BPM 卓越中心的下一个任务是为企业提供流程监控控制以及企业框架建模，包括应用、数据和其他技术成分。

除了处理近期的业务流程管理挑战，这家石油和天然气公司也需要一种端对端的价值导向型业务流程管理战略。为了做到这一点，我们与业务流程管理领导层进行谈话，也与流程负责人和股东们进行小组讨论，以明确理解企业的业务流程管理目标、能力和挑战（业务流程管理的操作）。我们在企业中进行了成熟度评估以及流程价值分析，对业务流程管理能力和流程的相对价值进行分析。这项工作的成果是形成了一种综合全面的业务流程管理战略，包括未来业务流程管理所需的路线图以及流程模型的治理和操作方式。这张路线图也确定了 BPM 卓越中心之外的业务流程管理角色，如流程负责人。

如今，这家公司正在辨别哪些才是用来支持业务流程管理的企业框架以及最关键的信息技术能力（业务流程管理支持）——包含为企业流程提供直接支持的流程模型和应用。

为了实施新工作流所要求进行的变革，企业需要应用标准化的流程模型、新型业务流程管理软件以及业务流程管理交付的子流程，尤其是流程设计和流程执行（业务流程管理的交付）。

最终，这家石油和天然气公司应用大部分流程管理的流程，形成了一种高水平的新能力。企业应用业务流程管理的方法和工具，为业务流程管理系统以及管理工作流部分增加了一些流程。业务流程管理的操作，借助 BPM 卓越中心和路线图的帮助，在企业中建立了一种治理方式。这张路线图确定了系统变革（业务流程管理的方法和工具），而这些系统变革也需要应用一种交付机制（流程设计和流程执行）。未来，这家公司会进一步将价值导向型业务流程管理纳入其企业文化之中（业务流程管理改革）。

重大成果

石油和天然气行业的成功，取决于遵守卫生、安全和环境法规。如今，这家公司已经拥有了协调统一的业务流程，提高了透明度，缓解了合规性与灵活之间的紧张局面，降低了违反法规的风险；并且在保证流程遵守内部和外部标准的前提下，为企业节约了时间和工作量。这家企业在实施业务流程管理时，收获了一种全球性的标准的方法，以及统一的流程质量。通过 BPM 卓越中心，企业也发现一种新模式，将价值导向型业务流程管理并入企业的基因之中。

这些变革的底线影响包括：降低运营成本；通过实现关键业务流程的自动化，提高流程效率；用一种更好的方法替换四种业务流程管理工具。通过实施价值导向型业务流程管理，企业获得了透明度。在安全和合规性之外的其他领域，这种透明度也可以让企业更清楚地发现节约成本的机会。

> 我们尤其印象深刻的是，两个"各行其是"的组织能够团结一心，共同构建一个核心框架。我们帮助这家企业创建了一种通用框架，这样首席运营官就可以用它来号召这两个组织进行协作，所有部门可以迅速将其价值最大的"金块"放入这个通用结构之中。这位首席运营官表示，这种参考模型是企业实施变革的最佳"催化剂"。

案例 2：一家大型高科技工程公司

为了履行与政府签署的合同，一家高科技工程公司必须大大增强其制造能力和工程能力。同时，也需要满足政府的预算需求，并保证自己获得足够的利润。通过进行流程模拟，这家公司能够设计并模拟工程的流程，并将这些流程与信息技术和业务目标联系起来。除此之外，它也取消了扩大员工规模的计划,因为这个计划会增加业务成本。事实上,它只是转移了流程中的瓶颈障碍,而不是去除了瓶颈障碍。企业对很多证据进行深度调查,发现了企业中效率低下的状况以及和目标不一致的状况。除了满足企业对产量和质量的要求,运用价值导向型业务流程管理解决这些问题,意味着这家企业如今能够有效地为流程建模,清除流程中的瓶颈障碍,合理分配资源,并且维持一种管理良好的、可持续的业务流程管理能力(见图9-2)。

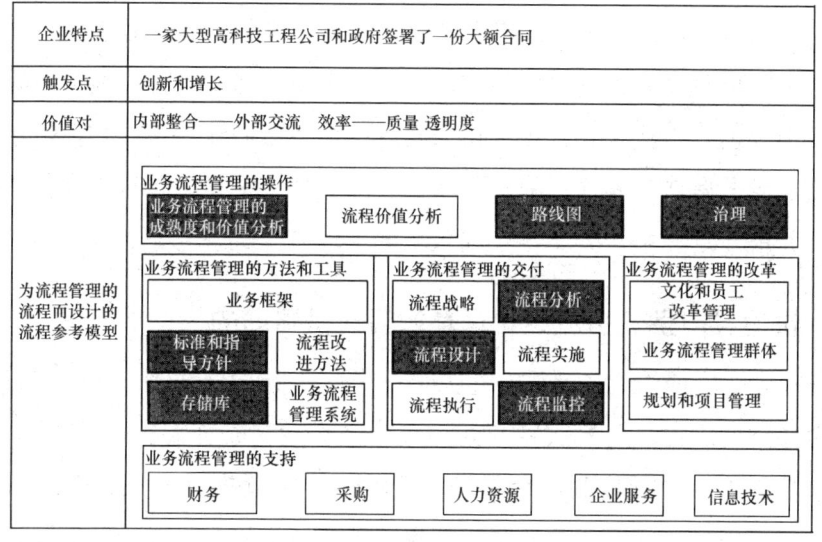

图 9-2　大型高科技工程公司的流程参考模型

触发点:创新和增长

伴随一份最新签订的大型合同而来的是一种兴奋感,随后却是一种恐惧感。在满足企业的预算、维持足够的利润并保证质量水平的状况下,企业如何扩展自己的业务流程管理能力?这家企业需要运用后勤部门,将业绩作为基础,确保组织内建立一种双方共同商定的业绩和系统能力。企业必须每年提供一定数量的产品,正如这项多年的合同所规定的。

领导阶层如何做出保证，在五年内运用现有流程生产出十倍的产品？这个亟待解决的问题促使价值导向型业务流程管理完成以下主要目标：

- 增加工程和制造流程的延展性和灵活性。
- 找出并减少导致效率低下、拖延状况和流程缺陷的根本原因。

这个业务部门的总经理告诉我们："我确信，为了适应逐渐增长的需求，我们已经对流程进行了投资，也对流程做出了调整。但是我们并没有提高流程的透明度，不能确切地知道要做什么。"

企业最初的想法是运用现有的业务流程管理建模和存储库工具，即ARIS工具箱，为工程流程建模。然而，尽管这种工具是战略的重要组成部分，但只是单纯地去应用它，并不会为企业提供一种洞察力，因此也不能让流程得到优化。该公司需要应用很多新型流程模拟技巧，才能在实施这些解决方案之前对流程和工作配置加以测试，同时在企业中推行一种能令这些解决方案产生高效率的治理方式。

价值导向型业务流程管理是如何提供帮助的

企业为完成咨询项目，首先要对一个业务部门进行采访分析。其目标是创造透明度，如图2-1的中心所示。一旦企业完成了这个采访项目，那么在实现价值导向型业务流程管理的过程中，它就拥有了一个良好开端。

接下来，这家公司开始建立存储库以存储流程模型（业务流程管理方法和工具：存储库）。

一旦企业建立了一个完整的存储库，下一步就是模拟现有流程，并改进这些流程（业务流程管理的交付：流程分析）。这就意味着，企业必须在存储库中加入很多定性的数据，从而开始进行模拟程序。这时，企业就能够发现流程中的瓶颈障碍，脱去机遇的"伪装"，提高生产力、可扩展性以及功能的集成。企业很快就能知道，哪些部门的小型投资是可以立即取得成果。一旦在一个业务部门内开始展现成果，公司的自信心就会增长，它们就会继续采用这种方法在其他部门进行模拟。

在广泛应用这些模拟流程之前，公司需要创建一个 BPM 卓越中心（业务流程管理的操作：治理）。这样，它就能够集中应用存储库了。BPM 卓越中心帮助企业列出了一张路线图（业务流程管理的操作：路线图），制定了一种产出导向型业务流程管理战略。

模拟流程取得了很多成果。它阐述了整体组织和工程流程之间具有相同的目标，以及员工变革如何影响业绩。我们已经看到那些在未来可能出现的问题逐渐显现的迹象——生产计划人员的工作过于繁重，随着工作量的逐渐增长，他们将更加不堪重负。这会导致下游工程发生严重拖延的状况。规划领导层坚信，将规划人员的数量提高59%，他们就可以将规划产量增加132%。

这个提议看上去是一个切实可行的业务案例，但是对它进行流程模拟后，我们发现，在规划功能方面增加生产力并不会对工程产生效用。相反，在规划和工程之间会产生一个新的瓶颈障碍。流程模拟也展示了工程和几个部门之间的关键连接点，即调度、采购、制造、工具作业、生产控制、规划、质量以及配置管理。

流程模拟的优势包括：它会进一步唤醒人们的意识，告诉他们工程流程某一方面的改变会影响整体流程的业绩。这样，公司可以正确地应用那些得到优化的流程，确保它们支持企业获得长期成功。

随后，这种模拟实践将会对企业其他部门产生极大的影响，激励企业实施其他项目。主要包括以下两种关键举措：

- 为所有的关键工程流程进行流程设计：工程流程模拟可以帮助企业确定最精确组合和辅助资源，以实现最优业绩。
- 制定一种全面的业务流程管理战略：在这家高科技公司，存在很多重复的或是多余的业务流程管理项目。许多流程的效率低下，因为这些项目是重复的，浪费了很多人力物力。这个问题的唯一的解决方法是去实施调查，并进行业务流程管理成熟度评估(业务流程管理的操作：业务流程管理的成熟度和价值分析)。在评估过程中，我们采访了很多专责主管和行政领导,询问他们对于业务流程管理目标和"痛点"的看法——协调这两者之间的关系,并稍微调整这些不相关的业务流程管理目标,使其与试图解决的问题保持一致。此时,咨询团队也分析了跨功能的工具和能力,最终制定了一种全面的业务流程管理战略,并清楚地罗列出公司的业务流程管理目标、缺陷和能力。

显著成果

最终,在这家高科技工程公司,价值导向型业务流程管理流程模拟能力能够使企业:

- 工程流程的透明度提高。
- 获得生产量测试方案。
- 确定关键业务单元中的瓶颈所在,并清除它们,为企业铺平道路,使业务流程管理得到更加广泛的应用。
- 确定改进部门以及改进项目的每个阶段所需的资源。
- 按合同规定的进度表进行。
- 减少冗余。
- 集中投资力量,同时减少浪费。
- 与超过2 000个供应商和合作伙伴实现平稳的企业整合。
- 发现新系统和功能领域之间的融合点,确保一个耗资1 200万元的系统实施并实现正常运转。

价值导向型业务流程管理的核心观点之一是在具体实践中开发的技术可以再次应用于管理规则之中,从而持续地改进企业的流程管理方式。这也正是这家高科技工程公司的现状。如今,它拥有一种基于存储库管理的持久性业务流程管理能力;一种包括BPM卓越中心、新型标准和指导方针的治理结构;以及关于人员、功能和流程之间相互关系的更清晰的了解——上述几点对于形成高效战略以及实现持久性价值起着非常关键的作用。

案例3：一家全球化学公司

一家全球化学公司，为多达175个国家的消费者提供化学、塑料以及农产品和服务。为了在并购后进行企业整合，这家公司正在挑战自己，推出了自己创建的一种SAP ERP平台，期望从中获得最大价值。它采用了一种行之有效的方法，将业务流程和ERP平台的新能力联系起来。这家公司发现，如今其核心业务流程应用更加广泛、效率更高，并且更加灵活。通过应用业务流程管理，这家公司已经从这个平台中得到了丰厚的收益，能够服务于更好的客户，并且具有竞争价值（见图9-3）。

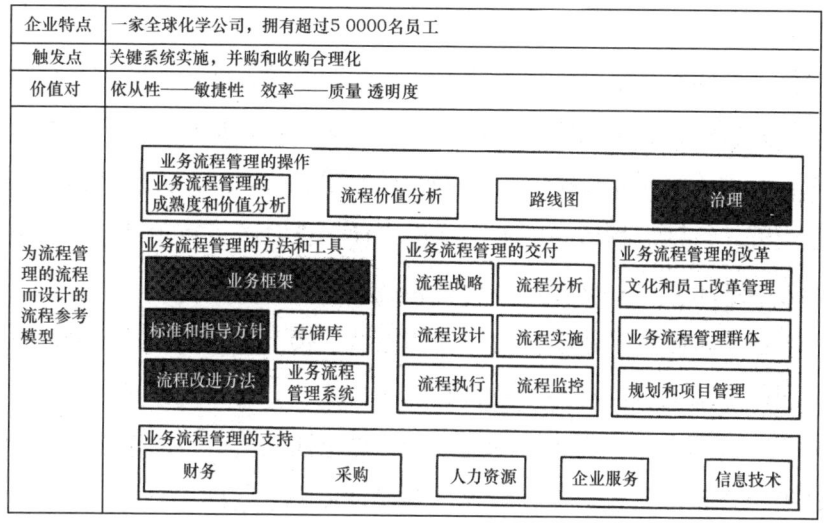

图9-3 一家全球化学公司的流程参考模型

触发点：核心系统实施和并购&收购

这是一家全球领先的企业。为了持续进行改革，追求高业绩，这家公司已经开始实施一种新型SAP ERP平台，从而在收购一家新公司后能够顺利地进行整合。这种大规模的系统实施，意在为许多关键功能提供支持，包括财务、供应链管理、人力资源、收购以及工厂维修。这种有计划的SAP操作可能取得显著成效——包括改进内部整合的状况、提高效率和更大的灵活性——同时，这个项目也要求迅速、大规模地改进一系列业务流程，从而为功能改进提供支持。进一步来说，企业需要在并购后将这些流程标准化。

价值导向型业务流程管理是如何提供帮助的

项目的总体目标是：对这家收购公司进行整合，改进核心业务流程；应用新型 SAP 系统，以取得最大业务价值；通过应用业务流程存储库，增加流程的可用性和透明度。在流程导向型 SAP 的实施过程中，企业应用价值导向型业务流程管理的重点是取得除技术之外的业务成果。

第一个任务是建立一种重新设计流程的有效方法，同时整合这种新型平台。咨询团队计划实施一项端对端的流程，包括记录现有流程（业务流程管理的交付：流程分析），确定流程的要求，以支持这种新型 SAP 业务流程；辨别流程所需能力，确保设计工件具备可重用性（业务流程管理方法和工具：存储库、标准和指导方针、业务框架）。

一旦团队确定了该项目的计划和方法，接下来就要和其他团队联合将公司的全部业务流程与产业特有的最佳实践、公司整体目标以及新型 SAP 平台联系起来。为了做到这一点，这个团队与公司的工作流和功能团队携手合作，为业务流程建模，并协调流程之间的关系。

这个团队需要能够紧密结合流程模型，和埃森哲咨询公司的预配置系统以及预开发的 ERP 资产——包括配置脚本、技术流程模型、行业特有的应用部件以及项目文档——联系起来。

在公司内部，埃森哲团队与公司管理层和流程负责人紧密合作，应用 ARIS 平台（业务流程管理方法和工具：存储库，业务流程管理系统），建立一个最先进的流程存储库。这个存储库与企业中的解决方案经验"无缝衔接"，意在帮助企业持续性地存储并管理那些进行优化的业务流程。这样，流程存储库中就储存了每一种新型或改进流程的工作模型。

为了保证存储库的正常运行，员工需要得到培训指导。咨询团队能够帮助企业设计，并提供培训，培训内容是业务流程管理的多个方面——包括基本技能、蓝图和质量保证。为了确保流程改进和价值导向型业务流程管理能够持续进行，公司建立了 BPM 卓越中心和内部实践社群（CoP）（业务流程管理的操作：治理）。这种企业特有的实践社群是一个常设小组，其重点是运用建模方法和产品功效解决问题，及时更新建模标准，确保公司从 ARIS 平台的全面功能中获益。

重大成果

这个项目对公司产生了实质性的积极影响。公司对核心业务流程进行改革，使其应用更广、效率更高且更加灵活。改革意味着这家化学公司不仅能够在投资 SAP 后获得更多回报，而且可以留住即时客户和长期客户，并且获得竞争优势，实现高业绩。

案例 4：一家全球服务公司

一家大型全球服务公司准备优先改进一些应用，以便为企业流程提供最佳支持；它也准备加强应用和流程之间的联系。这家公司将多余的应用进行标准化，优化它们，从而降低信息技术成本；同时，它也改进客户服务的质量，保持其连贯性。公司希望通过这样做提高流程的效率。在埃森哲咨询公司的帮助下，这家公司准备实施价值导向型业务流程管理。这家公司运用行业特有的业务流程管理流程模型，在三个层面（见第四章）记录现有的操作模型和流程，为具体流程配备具体应用。这样，信息技术部门如今就懂得了应用设计、译码、测试和部署这些不同方法是如何影响流程的；也能够将技术投资和业务目标更好地联系起来。企业也就提高了操作的透明度、效率和灵活性（如图9-4所示）。

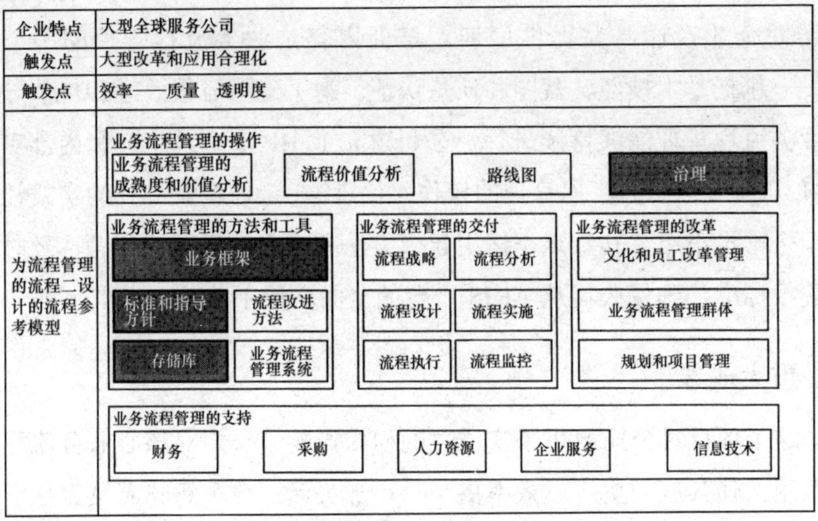

企业特点	大型全球服务公司
触发点	大型改革和应用合理化
触发点	效率——质量 透明度

为流程管理的流程二设计的流程参考模型：

- 业务流程管理的操作
  - 业务流程管理的成熟度和价值分析
  - 流程价值分析
  - 路线图
  - **治理**
- 业务流程管理的方法和工具
  - **业务框架**
  - **标准和指导方针**
  - 流程改进方法
  - **存储库**
  - **业务流程管理系统**
- 业务流程管理的交付
  - 流程战略
  - 流程分析
  - 流程设计
  - 流程实施
  - 流程执行
  - 流程监控
- 业务流程管理的改革
  - 文化和员工改革管理
  - 业务流程管理群体
  - 规划和项目管理
- 业务流程管理的支持
  - 财务
  - 采购
  - 人力资源
  - 企业服务
  - 信息技术

图9-4 全球服务公司的流程参考模型

触发点：大型改革和应用合理化

埃森哲咨询公司在最近的调查中发现，客户所在行业中的很多高业绩公司都倾向于掌握一些标准化流程，且信息技术部门与这些流程紧密结合。这样，这些公司就能够向股东提供一些意想不到的成果——与其他公司三年后取得的收益相比，这些公司的收益要超过50%。

这家全球服务公司的重点是辨别出那些对于每项业务来说最好的支持流程的应用。然而问题是，每个部门似乎都在经营自己的"领地"，不能和其他部门紧密配合。这家公司经过并购和收购逐渐发展起来，因此在地理布局上非常分散。除此之外，经过收购，这家公司存在着大量多余的系统。这些冗余状况拉低了公司的整体业绩，尤其是在信息技术部门必须支持每个部门实现自定义发展的时候。信息技术的管理成本已经失控，此刻，为新的开发留下的资金和资源已经所剩无几。

应用程序的标准化和合理化，已经成为当下公司的首选。为了实现这个目标，这家公司需要了解每个应用如何影响关键业务流程，然后优先对相应的信息技术进行优化。否则，企业可能会做出错误的决定，减少必要的应用，而留下价值较低的应用。

价值导向型业务流程管理是如何提供帮助的

这个项目具有以下目标：
- 增进企业对应用程序和业务流程相互关系的理解。
- 优先对相应的信息技术项目进行优化。
- 确保关键流程与战略及行业最佳实践一致。
- 为未来的流程管理提供必要的工具、基础设施、方法和指导。

当我们与首席信息官讨论项目的目标时，他说："我们已经建立了2 500个应用目录，它是我们的杰作——但我们却不知道该去掉哪一个应用。来，给我们一个答案吧！"这正是我们的项目摘要。

第一步是记录操作模型，形成对公司主要流程领域（业务流程管理方法和工具：业务框架）的整体概念。为了做到这一点，最为快速有效的方法是运用行业特有的业务流程管理参考模型，这个模型将从项目中得到的上百条重要经验教训进行整合。在加速建模和关键流程改进活动时，这些模型发挥着非常重要的作用。因此，公司开始意识到初步活动的价值。

甲骨文公司的BPA套件是OEM版本的辅助ARIS工具箱（业务流程管理方法和工具：业务框架，存储库），以上参考模型也被放入这个套件之中。公司迅速创建了流程图。在概述中，公司选出了进行改进的八个试验流程领域。

这也是建立并加强流程管理的流程的关键，只有做到这一点，公司才可以利用竞争优势，正面迎接未来的流程挑战。为了完成这个目标，我们与客户进行合作，研发并掌握了一种定制方法，详细地定义并记录业务流程。这样就可以确保，随着业务状况和需求发生变化，公司能够更加有效地改进并调整流程。我们也对15个业务和IT员工进行培训，指导他们与相关专家共同参加研讨会的最好方法以及记录存储库中流程的最佳方式，从而进行业务流程管理实践，最终创建一个BPM卓越中心（业务流程管理的操作：治理）。我们亲身实践了大部分培训过程。举例来说，埃森哲咨询公司和公司员工实施了两股工作流，重点是企业的评分和价格流程，掌握关键活动、组织角色、改进机遇以及跨部门的系统和应用之间的相互联系。

因为信息技术和应用程序对公司的运作至关重要，因此，从流程的角度观察应用程序研发的生命周期是非常关键的。一旦公司采用这种新视角，信息技术部门不仅可以了解流程如何受到现有的应用程序设计、编码、测试和部署方法的影响，而且可以将技术投资与企业的整体业务目标联系起来。

重大成果

该项目的成果是，这家全球服务公司终于深入理解了应用程序和核心业务流程的相互联系，从而为研制一种更完美的优化应用程序的方法奠定了基础；也极大地节约了成本。如今，这家公司已经拥有了能力、工具和相关的应用系统，从而更加有效地定义和管理业务流程。应用埃森哲咨询公司的行业流程参考模型，企业加速了改革速度，而竞争服务行业的最佳实践已经放入参考模型之中。在这项活动之前，这家公司的部门主管始终不同意应用同一种操作模型，他们在超过一年的时间里，试图以一种有条理的方式来完成这个模型。而在运用一种业务流程管理参考模型之后，他们在六个星期之内就创建了这种组织模型。这为公司带来了更高的操作效率和质量，极大地增强了公司取得高业绩的能力。此外，通过定义、记录以及利用ARIS存储库，集中存储流程，客户企业如今已经将一切落实到位，维护并改进现有流程，并设计新流程。

通过将信息技术部门与业务团队之间的工作相互联系或进行统一，有效地实施企业在未来进行的举措，将跨业务部门的流程进行标准化，企业也能够降低运营成本，减少多余的工作，提高流程的效率。这家公司继续实施应用环境的标准化——运用一种持久的、价值导向型业务流程管理能力，会显著促进企业实施这项活动。

第十章

价值导向型业务流程管理的未来

价值导向型业务流程管理能否真的改变世界？在回答这个问题时，我们希望你能热情地加入我们，回答"是"。在以上篇幅中，我们已经探讨了价值导向型业务流程管理的工作方式，还有它对企业、公共部门组织以及任何试图高效完成工作的大型人群的意义。如今，我们应该后退一步，审视一下价值导向型业务流程管理的未来。促使公司采取这种管理规则的因素是什么？在这场旅途之中，究竟会发生怎样的奋斗和改革？价值导向型业务流程管理将如何改变我们对商业的观念？

如果你看到商业世界正在加速变革，各种规模的组织愈加复杂，有时价值链中包含上千个企业而其中的职责分工不明确，那么你应该清楚地知道，一种新型管理方式正在形成。在这个日新月异的世界，技术压缩时间和空间，在一个世纪之前不可实现的通信和业务关系如今都成为可能。正如《纽约时报》的专栏作者托马斯·弗里德曼所指出的那样——世界正在变得平坦。[1]

这种动态变化，导致了组织中一种紧张局面的形成。在一个网络化的世界里，组织的等级层次越来越少，却变得越发社会化以及全球化。领导者意识到，流动性、社交媒体、众包、智能设备和许多其他技术正改变着这世界。我们应该拥抱这种改变，但是我们也应该意识到，大部分组织不会，将来也不会——可能也不应该——像脸书或维基百科上的新兴人群一样，采取相同的操作方式。问题的答案并不是简单地应用更多技术，在20个国家开设办事处，就希望一切都会正常运转。

第十章 价值导向型业务流程管理的未来

诚然，组织需要灵活性——对更多的刺激做出反应，并采取更加精确的行动。但是，灵活性并不意味着需要重新发明方式，灵活性是快速反应和一种有序思维方法论的结合。上千年来，千禧一代引发快乐刺激的反应与老一辈有不紊的思维之间的界限，可谓一根"断层线"。当这两种"文化板块"相互磨合时，新型流程才会出现。而追踪这些进展，是我们的研究重点，也应该成为所有业务流程管理从业者的兴趣所在。

协助企业实现灵活性或任何其他核心价值的事物，正是透明度。透明度打开了企业"暗箱"里的"灯光"，这样我们就能够均衡每个流程的设计活动。有些情况下允许企业有创新的自由，有些情况下限制企业的选择，还有些情况下请求企业的批准。业务流程管理的智能应用保证我们不会太过严格——以致"扼杀"网络效应和企业 2.0、3.0 以及之后版本的革命的胜利，同时引导企业实现有序发展——这样，企业就不会"溺死"在想法的海洋之中，或者在满潮湖中集体"踩水"。

灵活性不仅仅意味着迅速移动、迅速改变，它也是迅速发现、迅速获取知识、迅速传播知识和实践。每个组织都需要通过实验，才能找到正确的组织形式，然后在流程描述中捕捉这些信息。流程，是能够管理这个喧哗嘈杂的新世界的抽象概念——技术是无法独自完成这项任务的。尽管组织形式一直在改变，运用价值导向型业务流程管理，我们就可以对它保持追踪。

将流程作为重点，能够帮助企业平衡创新所需的自由度与技术所需的标准和秩序。价值这个概念就像一个罗盘，帮助我们在选择的迷宫之中找出真正重要的东西。我们的工作需要灵活性，这种灵活性也要求我们将流程与价值产出直接联系起来——我们只是没有时间和金钱去实施那些不能为组织赚钱或省钱的流程改进，以及那些切实改进产出的流程改进，尽管消费者会为这些产出成果买单。

2010 年，埃森哲咨询公司的全球业务流程管理实践与超过 70 家顶级企业客户进行合作。它们的重点是，为了实现业务流程管理，采用一种基于产出的方法和价值导向型方法。我们与首席执行官、首席信息官、首席财务官以及首席运营官们进行讨论，证实流程是组织能够获得的主要竞争资产之一。仅仅通过单个产品或服务创造竞争优势是不够的，这样的进步很快会被别人抄袭。我们坚信，对流程的管理本身应处于最高优先级，因为这是一条实现持久性竞争差别的路径。公司是否设置高管职位（例如首席流程官/CPO），在很大程度上取决于组织中现有高管人员的个性和管理方式，以及改进流程的需求密度。但毋庸置疑的随着流程资产越来越有价值，组织需要承担越来越多的责任，将优秀的流程管理实践应用于他们的工作之中。这就是本书的内容。

趋势和预测：价值导向型业务流程管理如何塑造商业世界

我们希望帮助你绘制一条前行之路，本书的结尾提供了两种方法。首先，我们调查了以下趋势：企业更加致力于应用价值导向型业务流程管理，随着这种管理实践逐渐增多，企业也会处理那些不断出现的问题。通过应用价值导向型业务流程管理，我们可以有效地解决，几种常见的行业"痛点"。通过观察这些趋势及与采用业务流程管理相关的挑战，我们有可能走在曲线的前面，在痛点成为危机之前采取行动。其次，我们对"改革会如何发生"做出预测。改革这条路上的里程碑是什么？组织和决策如何被迫做出改变？这些预测比我们所认定的趋势更加主观，基于我们的经验，并且会引发一些思考。本章将进行总结，阐述价值导向型业务流程管理是如何改变管理企业的实际含义的。

趋势：什么因素驱使企业采取价值导向型业务流程管理

下面的六种趋势支持我们的论点：商业和技术变革的复杂度和速度，会驱使企业采取价值导向型业务流程管理。

第十章 价值导向型业务流程管理的未来

趋势一：实时的、灵活易变的商业环境

在第一章甚至整本书中，我们罗列出了一些因素，它们已经将整个商业世界变成一个持续变革的舞台。人口增长、技术、能源、环保意识、健康和恐怖主义危机、动荡不安的金融市场以及全球化，携手密谋，加快了变革的速度，加剧了商业危机和复杂性。面对这些挑战，各种流程相互竞争，加速应对，并执行相应措施。如今的世界动荡多变，扩展新业务、优化供应链，同时降低成本，为企业带来了更大压力。

记得商业周期吗？记得五年规划吗？还记得那些收入数十亿的，几十年的大公司吗？当代企业正在摆脱战略撤退、预算、规划、执行和监控的年度循环，如今，所有这些活动都需要连续进行。

应对变化、保持稳定并提升流程和价值间连接的能力，会成为高绩效业务和公共组织部门的显著特点。

其实，高管人员现在真正需要的是一种适用于现实的管理系统。该系统会帮助企业掌控商业环境，我们最为近距离地观察这种系统，是在欣赏《钢铁侠》（*Iron Man*）和《少数派报告》（*Minority Report*）之类电影的时候。我们根据高度的互动以及可延展的视觉显示来分析这些信息。电影中的角色需要解决紧急问题，于是他们查看数据，想出解决办法。

我们从未探讨过的，电影中的这一切如何在现实中发挥作用。如果你放大或缩小海量数据，如何知道哪些是重要的？如何知道成千上万个问题中的数据组？如何协调上百个组织系统？组织曾经的运作规则是什么？它如何发生改变？价值导向型业务流程管理为企业提供了以上问题的答案。

趋势二：将"动态改革"和"缓慢稳定"紧密联合

《未来的冲击》（*Future Shock*），害怕世界变革的速度太快而使应我们不能再保持这种速度；以及《信息焦虑》（*Information Anxiety*），害怕

信息量太大而使我们无从分辨最重要的信息。这些已经不再是只存在于书中的概念，而成为一种生活方式。如果我们准备创建一个用来整理观察到的信息以及我们所采取措施的"大屏幕显示器"；如果我们准备将商业转化为一种复杂的、动态的视频游戏——不是去探索一个世界，而是去探索成百上千个世界——我们就需要创建一个将一切都作为关注焦点的模型。流程是模型的基础，流程是一个抽象概念，它系统地组织并"战胜"了这个复杂的新世界。

如今我们生活在这样一个年代：在社会组织中，人们需要对外部因素迅速做出反应，这种需求也自然而然地渗透进企业之中。这是一个网络、社交媒体、视频游戏以及许多媒体类型相互影响的时代——所谓千禧一代的模式。每个人都期望随时随地实现交付。那些能够跟上这种速度的企业，无论是"隔夜就能交付的鞋子"，或是一份"能立刻生成的汽车贷款申请"，都逐渐成为最成功的企业。

与之相比，上一代的许多企业，经常将成功建立在某种方法论之上。而灵活性和秩序之间的界限，就是流程所处的位置。从某种程度上来说，价值导向型业务流程管理的作用就是在这两者之间达成一种最优妥协。我们需要明确地定义并保护这条界限。想象你从上方看这个界限，它不会是一条直线，而是会像一条锯齿状的线，创新和流程规则在此处相互推挤，直到它们相互"咬合"，才形成了几种价值间的无隙啮合。你也可以把这两者的互动看作一片具有缓冲作用的"非军事带"。在这里，流程方面的卓越性对创新的"疯狂能量"起到了"安抚"作用，从而保证两者在企业中得以平稳可靠地运转。这条界限不能过于严格，以至于"窒息"企业2.0+所承诺的创新。但是，它也不能过于散漫，导致大型企业中的混乱状况，甚至导致组织的战略方向也迷失在个体创新的海洋中。

目前，世界市场、供应链、产品设计和定价正在经历着一场变革，而流程也是"安抚"并引导这种变革的力量之一。曾经，企业在西方设

第十章 价值导向型业务流程管理的未来

计产品,在东方制造产品,之后又将其运回西方。如今的情况更加复杂,这意味着设计、销售、生产和分配这些流程将出现在多个区域,并且向多个方向"流动"(如果世界上发展最为迅速的市场是亚洲,那么将亚洲制造的货物运回西方的情况会很少发生)。为了控制这些"流动"的趋势,组织需要可靠的流程,而应用价值导向型业务流程管理则确保了这些流程的规划和管理具备一个坚实的基础。

财务监管也推动企业进行更精确的流程定义。在美国,《萨班斯-奥克斯利法案》第422条宣称,如果不具备非会计资产,企业必须要制定一个计划,记录其创造价值的方式。诸如这样的条例,要求企业提高透明度,提供证明其流程创造价值的文件,这无疑增加了企业的压力。

我们坚信,以上总结的一些压力源会促使企业以流程为导向。价值导向型流程设计的依据是透明度,因而企业能够进行快速的变革,同时不会陷入混乱。

趋势三:"全球的区域化"——应对流程治理方式的挑战

随着企业加入日益全球化的潮流,"当地标准 vs. 全球标准"这场讨论也变得越来越重要。随着技术,尤其是客户类技术,更加普遍地应用于企业之中,终端用户也获得了相应的权利和影响力,进而影响流程的运行。严格的自上而下的层级制度扼杀了个体改进流程的能力和创造力。如果缺少政策或引导,企业的安全就可能出现漏洞,企业有可能会陷入混乱。任何一种极端做法都会有缺陷。问题是,谁应该选择应用哪些流程?

根据传统的自上而下的观念,首席信息官应该负责制定全球的技术标准。但是随着企业进入新市场,本地连接、忠诚和适应度,使得单纯地采用全球控制成为一个非常愚蠢的命题。但是,以一种"自下而上"的方式运行企业也存在弊端。因为这样会衍生出大量多余的标准,却又缺乏围绕常见问题应有的一致性和连贯性——这些问题会影响整个组织，在 IT 部门众口难调，在整个企业也会引起轩然大波。哪些应该是通用标准？哪些又应该保持独特性？关于流程图、建模和管理的这些问题会有怎样的影响？

趋势四：价值导向型业务流程管理技术即将短缺

采用价值导向型业务流程管理的企业面临的常见问题之一，是去寻找有经验的人，实施流程管理的流程（PoPM）。这些人能够完成具体流程设计，并且具有管理工具的技术。然而，找到这样的人，几乎是一件不可能完成的任务。而且，就算找到，也并不能确保企业取得成功，正如我们从多个角度所指出的。采用一种将工具作为重点的方法实施业务流程管理，注定要失败。

随着业务流程管理得到普及应用，尤其是价值导向型业务流程管理广为流行。如今，企业面对挑战，唯一的补救措施就是去培养自己的专业技术。这样的培训项目通常由 BPM 卓越中心（CoE）组织，由首席流程官或其他领导企业实现更高流程成熟度的人进行指导。开展这些项目的优势是，员工能够学习一些关于企业的专业知识，并将这些知识放入他们的技能组合之中。流程管理的流程培训及其与现有业务流程的"亲密关系"的结合，是企业实现进步的强大基础。唯一的缺陷是，这种培训要花费大量的时间和资金。培养新一代流程管理的流程专家，不可能是一蹴而就的事情。

趋势五：业务流程管理潮流

当越来越多的企业采用以流程为导向的方式时，在业务流程管理的市场中，另外一种确切的成功信号就会出现。当企业声称获得可持续性效益时，我们看到了"绿色潮流"的现象；当企业追赶云计算的风潮时，我们看到了"云潮流"现象。业务流程管理比这些趋势存在的时间更久，它在市场上经历了起起伏伏。但是随着提高流程成熟度的活动开始展现成果，企业很有可能会试图将它们的产品定义为"与业务流程管理相关"。换句话说，"业务流程管理潮流"即将开始。

尽管这会使得辨别、挑选出那些真正关注成熟、有效的业务流程管理实践的过程变得复杂化，但是，这也标志着价值导向型业务流程管理已经成为主流。

趋势六：业务流程管理和信息技术的角色转变

信息技术世界如同商业世界一样，正在加速变革，并且越来越精密、分散。因为服务导向型框架（SOA）、软件即服务（SaaS）以及云计算这样的技术正逐渐发展起来，当代的 CIO 们也面临着更为艰巨的管理挑战。他们的终端用户正在做出选择，希望在没有 IT 部门指导和参与的情况下直接应用技术。换句话说，IT 部门掌控技术的垄断时代已经终结了。在丧失控制权的情况下，CIO 如何对那些技术施加影响？技术应用如何影响流程执行的方式？技术组合如何继续与企业进行联合及再次联合？采用一种以流程为导向的方法——管理信息技术——是确保应用技术实现最大业务价值的关键。

日益复杂的技术"迷宫"

CIO 们面临的第一个问题是，技术世界愈加复杂，简直难以管理。"消费者化"这个概念指的是，终端用户正在使用设备，采取"软件即服务"的方法直接解决业务问题。通过无线网络，用户几乎可以使用每一件设备和应用。移动技术对用户接受并收集数据的方式以及使用应用程序的地点和时间产生了深远影响。因为企业获得的这些能力，流程将要进行天翻地覆的变革。

云计算将继续改变实物资产的应用和计算结果之间的关系，这深刻地影响了 IT 采购流程和管理流程。除此之外，先进的传感器和智能终端拥有智慧和处理能力，它们会为自动化和分析，尤其是无线网络的连接，打开一个全新的前沿。结果是，CIO 可能会面对 1 000 或更多个技术部件，而不是只有100个部件。诚然，每一个部件都很容易配置和控制，但是企业面临的主要挑战是如何让它们一起工作。如果一位业务专家能够良好地控制流程，掌握价值导向型业务流程管理的专业技能，那么他就能在一个更高的位置上迎接这些挑战。

将技术与业务需求联系起来

如果技术框架中的很多活动部件由IT和终端用户共同控制，那么确保每种资产为业务提供服务就会变得非常棘手。

在微观层面，运用这种新型的、更加精密的、可配制的技术，极有可能会改变设计流程和执行流程的方式。通过智能手机设备来存取数据、收集数据、执行分析并采取行动，使得一种新型工作方式成为可能。在执行流程时，有些人发挥着关键作用。能够根据这些人的需求调整工作环境，企业就有潜力做出更好的决策，采取更迅速的行动，以及实现更有效的自动化成果。

在宏观层面，所面临的挑战是了解技术如何支持业务运行。许多CIO通过企业架构的框架应对这种挑战。我们也详细描述了应用程序和基础设施。随后，这些描述映射到业务支持的部分。在快速变革的环境中，企业面对的挑战是保持这种对应关系的活力。没有它，很难决定投资于哪些流程，以及撤销哪种技术。为了创造透明度，从而控制变革活动并设定优先处理事务，这种企业框架工具的责任重大。

作为一种组织框架的流程

在我们看来，正如本书第一章所描述的那样，管理技术组合的复杂性，利用技术监督流程的重新设计，以及保持信息技术与业务的一致性，这些职责也同时要求CIO成为流程的负责人。因此，应用一种如价值导向型业务流程管理所体现的实现流程管理的流程的成熟方法，企业就能够逐渐控制技术的复杂性，正如之前所回顾的。

- 随着信息技术组合变得越来越精密、分散，流程建模成为一种整理这些技术的应用方法并评估新型技术潜在影响的"天然工具"。流程模型展示了在复杂的流程中每种技术的作用；它也提供了一种方法，明确地定义了人和技术各自工作之间的界限。

- 在企业考虑新的流程设计时，流程模型会成为一个基础，帮助企业更清楚地了解初始状态。一个清晰的模型能够确保新流程按照预期的方式实施；在这个过程中，可能会应用新技术或新数据和分析来源。然后，根据以往经验，这个流程会得到改进。业务流程管理可以作为一种有效的知识获取工具，确保企业中的每个人都可以达成共识。
- 在实施流程管理的流程时，企业会采用一些分析工具和文档工具，从而完成企业架构，并创建一种内容更加全面的、关于"技术如何支持业务"的模型，无论哪个部门需要，都可以在微观层面实施流程建模。

由于技术进步以及流程思维方式逐渐成熟，价值导向型业务流程管理的扩展工具在管理信息技术的复杂性方面会发挥更大的效用。

我们坚信，因为CIO们并没有其他选择，他们会逐渐应用流程框架整理企业中的应用布局，从中实现持久的价值。运用一种帮助企业整理技术应用的流程模型，采用针对具体流程的技术追赶全局的步伐，如今你已经有可能理解大屏幕上的显示器将如何发挥作用了。应用这些系统的终端用户可能在实际中浏览并与流程模型互动，这些流程模型习惯于将信息、自动化技术、分析工具和完成具体工作所需的功能性应用加以整合。我们也许是曾经在电影中看到过那种激动人心的展示，如今，这种以流程为中心的IT管理方法将意味着，我们可以有越来越多相似的内容和功能。

预测：运用价值导向型业务流程管理，接下来我们要去往何处

关于价值导向型业务流程管理的重要性这一议题，我们的核心论点是：如果企业能够深刻地理解价值目标、生产资料、人、信息技术和流程之间的关系，那么它们就会持续地获得最大收益。价值导向型业务流程管理会得到企业的广泛采用，因为正如我们在实践中看到的，它会引

导企业实现长期成功。但是与我们合作的企业中，没有任何一家能够"挥舞起魔棒"，突然提高流程成熟度。因为企业中的每个部门都可以应用流程管理的流程，从最高管理层到最基层，但其实施和融入是需要时间的。我们有很多方法可以助力流程管理的成熟。

我们帮助企业提高流程的成熟度，在本节中强调的预测正来自于这些经验。我们相信，以下所分析的每个主题都提供了一些方法，更好地应用价值导向型业务流程管理。企业应该能够从中发现灵感，获得指导。

预测一：强大的流程领导的出现

在大多数组织中，为了使流程更加成熟，企业中究竟是"谁"应该迈出第一步，这个问题是没有争论的。坦率地说，这是因为只有在管理实践开始呈现成果后，人们才会对运用价值导向型业务流程管理产生兴奋感。一旦人们一致认为流程是一种重要资产，需要对此实施高水平的管理，随之而来的便是一场颇具挑战性的讨论。引领流程技术在企业内扩展应用范围，谁才是那个正确的人？这又如何影响高管层的架构？对于这个问题，每个企业都需要找到自己的答案。

许多高管职位相应而生，例如首席信息官和首席营销官，因为这些领域的棘手问题需要获得管理层的最大支持。只有那些能够与高层其他管理者紧密沟通而且具有相应知识的人，才能管理这个企业。举例来说，对于很多企业来说，当信息技术成为相当一部分费用的去向——作为一种重要的竞争工具，首席信息官就成为一个高层职位。

有些职位的存在时间非常短暂，因为其作用并未得到明确定位。举例来说，正值千年之交时，很多企业"迷恋"所谓的知识经济，很快开始尝试成为"知识型企业"。自从"知识"被定义为首要目标，首席知识官（CKO）开始流行起来。但显而易见的是，几乎没有人了解首席知识官的角色以及这个角色如何与企业中的其他角色联系起来。因此，这个职位又逐渐消失了。但是，自从工业革命以来，流程已经成为企业的核心部分。企业需要全面控制复杂的流程,这种需要将流程提升至一种新高度,亟待处理——我们相信,这种情况很有可能继续下去。因此,对流程的领导会继续成为亟待处理的事务。这种趋势将导致首席流程官(CPO)的产生。我们相信,在大多数企业中,这个角色会得到明确定义,而且最终会成为一个长期职位。

首席流程官(CPO)的兴起

在之前的章节中,我们描述了流程作为一种资产,其地位持续上升的不同表现方式;以及在大型分布式的组织中促进创新、减少混乱的需求。因此,我们发现,CPO 的产生逐渐成为大势所趋。尽管每个企业不尽相同,但实践证明,在各种企业中,CPO 这个角色都发挥着重要作用。企业在提高流程成熟度的同时获得并学习了很多知识,而在企业中设立该角色可以集中管理这些知识。有两种主要因素,将有助于 CPO 角色的兴起。

- 在全球大变革的背景下,高管层发生功能紊乱的状况。相关研究表明,在最高管理层中,许多组织——尽管在企业利物中称其为"团队"——在行使规则时,与其说是一个团队,还不如说是由很多功能强大的个体组成的一个"群体",因为它们只是各自掌控自己的部门。随着组织变得更加动荡分散,企业可能需要改变这种管理方式,有效地将资源整合起来,这种能力变得更加重要。随着企业在全球各地扩张,增加了业务线的数量,企业进行内部整合的挑战变得更加困难。从各种角度来看,董事会都需要介入讨论。为了获得成功,这个"团队"需要表现得像一个真正的团队。

在讨论的关键时刻,内部的观察人员确保企业将重点放在战略目标上,并采用一些方法实现这些目标。上述提到的团队能够从这些观察人员身上获益。在过去,这个角色由个人担任,从法律顾问到人力资源领导,再到外部顾问。如果流程的确是一条实现战略价值的路径,那么流程的拥护者应该在董事会占有一席之地,也在董事会外的流程整合活动中发挥重要作用。这个头衔也有可能不是"CPO",但在不久的将来,在许多企业中,流程的拥护者将会是一个重要的高管职位。

- CIO 角色面临危机。因为信息技术和流程已经密切地联系起来，在未来，它们的联系只会更加紧密。因此，在这个重要理论的支持下，我们得出结论，CIO 的角色可能会逐渐转变为流程的"协调者"。2004 年，在德国出版物 *Harvard Business Manager* 的一篇文章中，沃尔弗拉姆·霍斯特（Wolfram Jost）建议，为了企业的高效运转，对于 CIO 这个角色来说，进一步以流程为导向是必需的选择。[2] 目前，CIO 的角色正在发生改变，这种说法已经有据可查。信息技术可以作为一种消费品。对于商业用户来说，企业系统变得更加直观，员工们已经开始期望应用程序可以支持他们的 iPads、手机和其他个人技术设备，正如同支持台式机和网络一般。IT 设备的数量剧增，我们可以外包，或者作为管理服务购买它们，这意味着 CIO 将花费更少的时间直接管理硬件和软件；他们反而会花费更多的时间从第三方供应商手中获得服务组合，并制定远大的战略，来协调运用这些服务组合。正如同"IT 即资产"这个概念创造了 CIO 的角色一样，"流程即资产"也会重塑这一角色，将这个角色与流程的设计和实施过程联系起来，会成为 CIO 未来工作的重要部分。根据组织的不同，CIO 官实际上会成为 CPO，或者首席流程官的角色会在组织中独自发展起来。至于在一些组织中，这两者是否会相互竞争，其中一方的地位是否会高于另一方，这些都属于开放式的问题。

另外一些价值导向型业务流程管理最高领导者的角色竞争者，包括首席执行官，在更多行业型公司中可能是首席质量官。

CPO 的技能

无论你是如何解决这个问题的，在组织中相对高层的一些员工总会需要掌握一些技能，带领组织实现更高的流程成熟度。为了做到这一点，企业需要有能力将各个部门中以流程为中心的观点统一起来，并且创造、管理、改进流程资产与相关工具与系统。更重要的一点是，高管需要能够熟练地实施一些流程干涉活动，改进流程技术，同时提高流程的质量和效率。换句话说，高管应该是流程管理的流程的专家以及大师级的三角方法员，CPO 需要成为流程的负责人。但遗憾的是，如今的许多高管人员仍然不具备这些技巧。

如果企业认为流程是一种具有战略重要性的资产，并且具备有形价值、货币或其他价值时，CPO 这个角色和另外一种高层角色就会实现合并。那些能够处理关键的、不确定状况的人群，才拥有这种能力。CIO 这个位置的出现，是因为硬件和软件是企业的关键任务，并且非常昂贵。如今，储存在软件之中的业务流程管理的工具和方法代表着企业对知识产权的一大笔投资，因而它们也是企业的关键任务，并且价格昂贵。因此，是时候在董事会上"听到流程的声音"。

组织性创新的"奔放"面

正如我们在第六章所提到的那样，流程导向型组织的灵感往往来自于那些"违反直觉"的部门或学科。想象一下，你正在欣赏一个爵士乐队的表演。作为个人的乐手进行自由发挥，而特定乐曲的框架，（在实际上）提供了创新的规则，这两者相互作用，音乐就灵动地飘进人们耳中。框架是乐队指挥提供的，他知道应该如何组织这首歌的结构。每个乐手扮演着自己的角色，使这首歌焕发了生机。没有创新，你会一直听到相同的乐曲，直到你感觉厌倦乏味。没有结构，也就没有这首乐曲。每一次的声音都是不同的，没有统一感，也没有自己的特性。在演奏最成功时，流程的成熟度就反映在这个爵士乐队的结构之中。每个人都知道如何演奏音乐，但是每个人也试图找到方法在乐曲中加入自己的独特才能，将这首歌演绎得更加精彩。从某种程度上来说，在不同的时期，每个人都可以成为领导者或追随者，在符合整段乐曲或组织的流程战略的基础上，他可以自由发挥或自主创新。[3]

预测二：采用价值导向型业务流程管理的新兴市场跨国公司

我们花费了一些时间，来辨别组织内部的哪些人最有可能成为流程领导者。但是，哪类企业会成为行业中的流程领导者呢？证据表明，新兴市场跨国公司最有可能成为这类企业，对新型流程进行革新，首先投资于价值导向型业务流程管理，获得最大收益。正如许多新兴国家的无线网络要比发达国家的无线网络更高级，采用业务流程管理的速度可能也是如此。在提高流程成熟度的过程中，这些公司不需要解决历史遗留问题，能够更轻松地采取最便捷的路径。当然，在更加发达的国家，企业可能运用价值导向型业务流程管理追赶上那些突然崛起的竞争者们。

在如今这个高度互相连接时代，新兴市场的跨国公司已经"在全球成长起来"。对于那些妨碍更加"积极主动"发展模式的资产所有权和功能活动，在 21 世纪成长起来的公司和许多老公司有着截然不同的观念。相对新潮、目光远大的公司不会忍受"非我所创"。它们懂得，基础设施可以从外部采购，也可以试图把相关业务活动外包，并逐渐将重点放在核心价值的产生流程上。它们争强好胜，虽然西方公司曾经垄断某些市场，但是新兴公司经常会进入这些市场（比如中国的汽车制造业）。如果企业的目标是以最低的成本来制造一种优秀产品，那么流程卓越是其中最重要的一部分，因此也就具有最高级的管理优先权。除此之外，在新兴市场的跨国公司中，成为一名 CIO 或 CPO 意味着，直接控制信息技术不如维护企业的核心流程重要。这些公司对 CPO 官的角色采取更加开放的态度，它们也是价值导向型业务流程管理的希望。

预测三：以流程为中心的关键绩效指标和视觉绩效管理

我们期待流程与关键绩效指标（KPI）更加紧密地联系起来，企业具有更好的管理能力。真正的企业绩效管理正在逐渐发展起来，并成为现实。业务流程管理的特点是：具备更强大的绩效监控工具，能够更清晰地看到流程种类和流程的工作方式。这样，流程变革和价值之间的关联也更加明确，更加具有可预测性，而且更加容易实现。财务业绩的使用工具和测量标准也扩展成为流程的度量标准，能够展示流程的开始、过程和结束分别发生了什么。通过了解流程最初发生了什么，企业也可能尽快地辨别出问题所在，并解决这些问题。

那些为了解使用性能而设计的用户界面会显著改进，更加直观并轻松地分配到整条价值链中。电影里的显示屏幕一度遥不可及，但是在几年之间，和角色扮演视频游戏类似的 3D 可视化模拟已成为流程设计的常规部分，正在成为现实。"防御组织"已经开始运用这样的工具，设计更好的设备，并提高全体人员的业绩。尽管这个过程格外复杂，但是最终，战斗机或突击行动的设计也不过是一种流程的实施过程。为个人设计一个 3D 阿凡达形象，并投入战斗，可能非常有趣。与之相比，完善零售商的"订单到现金"的操作方式可能非常无聊，但后者有其自身价值。

预测四：社交网络和可视化

随着我们进一步走近"脸书世界"，社交网络分析和流程治理的联系也变得更加紧密。在业务流程重建的前期，当流程出现故障的时候，人们此前发明的权变措施也会引发混乱，将组织单元之间的流程胡乱地割裂开来。其部分原因是人们更愿意相信彼此，而不是去相信系统。当流程失败时，人们为企业提供支持，他们发现一些方法，采取权变措施，解决问题——这是灵活性的重要特点。

如今，人们逐渐接受了革命性的社交媒体——例如脸书、推特和其他社交平台。这表明，当企业可以定制系统，并反映人们经常使用的社交网络时，人们也更加愿意信任系统。这会对企业的流程设计和治理方式产生深远影响。在企业 3.0 时代，社交网络将与企业流程融为一体。

企业需要运用价值导向型业务流程管理为混乱的世界带来秩序。这种关键秩序反映了组织的流程思维方式，但是这种秩序所处的"环境"更加自由。在不久的将来，一种"智能环境"会将企业中发生的全部事件放入流程库中，获取企业正在进行的创新活动，为分析和优化打开一扇窗。

举例来说，当有人为那些预先设定的流程规划了一种变通方案时，这个变通方案会以电子形式记录下来，成为日益增长的流程库的一部分。最终，它可能会作为"非最佳选项"而被放弃。但是，它也可能成为一种创新良策，或者留待将来的改进活动。它并不会低调地消失。但是，除非企业建立了一种产生规则，否则并不会获得这种变通方案。

在另一个例子中，流程建模人员越来越多地在一种 2D 化程度更低，而更加具有虚拟现实、实时的和浸入式体验特点的环境中工作。想象一下，在产品或部件生命周期的某一时刻，世界经历了自然的、政治的或经济状况方面的改变。一个箱子中的无线射频识别传感器可以准确传达它在特定时间点所在的位置。如果流程设计者可以根据实时事件和外部触发器组装并改变流程模型，或者重新设计流程以节省成本和时间，当这个箱子在海洋上空一个历时 15 小时的飞机航班上时，他们却改变了它的目的地，那会怎么样？如果企业可以在一年中夜以继日地完成这种建模，那会怎么样？如今，这种技术已经存在——流程模型正在形成。

企业中创建的智能应用越多，人、流程和技术之间的关联就会变得越直接、越迅速、越发可以取代。业务流程管理不再是季度性董事会上所展示的大量报告，而是要开始精确地调整流程，如空中交通管制。空中交通管制要求快速决策以及实时的技术，它也受到很多严密流程的控

第十章 价值导向型业务流程管理的未来

制,例如飞行计划,在超过 100 年的飞行历史中不断改进。当然,和其他系统一样,它依旧需要改进——许多人抱怨,空中交通管制还采用 20 世纪 30 年代那种过时的雷达技术,它应该转而应用卫星和 GPS(全球定位系统)。再次声明,这种技术目前是存在的,但是它和价值的关联关系还未达到令人信服的程度。尽管对全球贸易来说,空中交通发挥着非常关键的作用。但是,企业还未设计使其成为现实的流程。

预测五:以流程为中心的系统集成

正如"聚焦流程"可以用于管理 CIO 所支配的复杂的技术组合,人们也可以将它作为系统整成的一种组织框架。由于多种多样的原因,以流程为中心的系统整成正在逐渐成为一种惯例。流程设计软件开始更好地与其他业务系统整合起来,从而促进企业实行一种更加有活力的流程存储库管理。流程建模和流程管理工具开始更紧密地与执行和工作流引擎也就是执行自动化流程的应用和其他系统集成。

商业世界中的大型应用——企业资源计划(ERP)、客户关系管理(CRM)、供应链关系管理(SCM)和其他应用——逐渐以流程作为中心。其中的很多应用不能用流程模型直接进行安装。小型利基市场的情况也是如此。类似 BPEL(业务流程执行语言)这样的标准在企业中并未广泛实施,但是随着时间的发展,此标准和其他标准的执行很可能最终会趋于一致。这样的标准化过程为企业实施流程集成铺平了道路,这样,我们可以从流程模型的层次来定义系统,而不需要运用复杂的配置,并使用计算机语言的客户代码。

当这一切进行得非常顺利时,使技术符合业务的需要会更加简单。这类集成的结果之一是,市场中的大型企业会具有一种优势,因为它们能够应用流程模型,控制越来越多的技术。而缝隙企业被迫与这些大型企业并购,或者找到一条途径与这种集成系统无缝衔接。

当一种流程模型与执行或工作流引擎分离时,企业可以运用它实施最佳实践,满足具体需求。一旦我们知道了这一点,参考模型的市场很有可能会得到扩张。业务流程管理 BPM 卓越中心这个角色的职能可能会逐渐包括管理并挑选这些模型。在不久的将来,企业已经能够掌握 IT 技术组合和价值导向型业务流程管理战略的技术。

一种新型管理哲学

在这本书的开始,我们断言:价值导向型业务流程管理会是一种新型管理规则,是一种实践范式,它可以广泛应用于组织的每个部门;它也为企业展示了一条如何建立更好的部门、分区、企业或延长的价值链的途径。如今,我们希望你持赞同意见:关注流程成熟度,运用价值导向型业务流程管理和流程管理的流程的原则,可以为企业带来丰厚的收益。

在未来,企业的各种流程需要更大的灵活性和自治权,但是,如果企业没有采用反映新现实的治理方式,也注定会失败。宽松的网络环境下、维基百科带注解的评估模型及脸书的社交网络模型正在发酵,这两者会与经过验证的业务流程管理方法相融合(这些方法本书之前提过),从而创建一些我们不曾见过的方法。未来高层之间的对话,从始至终都会关注流程。正如同高管要求企业从财务上评估操作,才能懂得哪些才是重要的流程,他们也会要求从流程的角度决定企业应该采取何种措施。与之前相比,成熟的流程环境更需要一种良好的治理方式,这种治理的基础就是价值导向型业务流程管理。证明这种治理方式与价值的关联是非常重要的,正如同敏捷、灵活的系统和能够协调管理多种选择的人一样发挥着关键作用。对企业来说,这些流程的拥护者与流程一样重要。我们殷切地期望,你——本书的读者——会成为这些流程的拥护者,并加入我们,来运用流程,改进业务成果。

本章注释

1. Thomas Friedman, *The World Is Flat: A Brief History of the 21st Century* (New York: Farrar, Strauss and Giroux, 2005).

2. Wolfram Jost, "Vom CIO zum CPO," *Harvard Business Manager*, September 2004, 88–89.

3. Mathias Kirchmer, *High-Performance Through Process Excellence,* 2nd ed. (Berlin: Springer-Verlag, 2011).

名词缩写

ABE 基于活动的排放控制
APQC 美国生产力和质量中心
ARIS 集成式信息系统架构
BPA 业务流程自动化
BPEL 业务流程执行语言
BPM 业务流程管理
BPMN 业务流程建模标记法
BPMS 业务流程管理系统
BPR 业务流程再造
CCOR 客户链运作参考模型
CEO 首席执行官
CFO 首席财务官
CIO 首席信息官
CKO 首席知识官
CoE BPM 卓越中心
COO 首席运营官
COP 实践社群
CPO 首席流程官
CRM 客户关系管理
DCOR 设计链运作参考模型
DFSS 六西格玛设计
DMADV 三六西格玛设计策略（设计、测量、分析、设计细节和核实）
DMAIC 定义、测量、分析、改进和治理
DODAF 美国国防部架构框架

名字缩写

EAI 企业应用集合

EPC 事件导向型流程链

ERP 企业资源规划

ETOM 增强性电信操作图

GRC 治理、风险和合规

HR 人力资源

HSE 健康、安全和环境

IT 信息技术

ITTL 信息技术基础设施库

KPI 关键绩效指标

MRP 物资需求计划

OEM 原始设备制造商

PAAS 平台即服务

PCF 流程分类框架

PMBOK 项目管理参考模型

PoPM 流程管理的流程

PPMS 流程业绩监控系统

QA 质量保证

QFD 质量功能展开

RACI 负责、批准、咨询和通知

RFID 射频识别

RPH 西门子参考流程仓库

SAAS 软件即服务

SCM 供应链管理

SCOR 供应链运作参考模型

SOA 服务导向型框架

TOM 全面质量管理

VRM 价值参考模型